# でっかく、生きろ。

世界をつかんだ男の「挑戦」と「恩返し」

ヨシダグループ会長兼ＣＥＯ
吉田潤喜
望月俊孝

きずな出版

# はじめに

## アメリカンドリーム

多くの人が私のことをこう呼んでいる。

**『無一文から億万長者になった男』**

ある調査では『イチローの次に有名な日本人』と言われたこともある。

想像さえしないきっかけでスタートした「ヨシダ・グルメソース」は、現在、全米だけでなく、世界14ヵ国で販売され、ヨシダグループも今では全18社、約250億円の企業グループに成長した。

しかし、私は成功やお金持ちになることを追い求めてきたつもりはない。

人に好かれ、人が自然と集まってくる。ご縁を大切にして、恩返しをしていく＝「人儲け」を大切にして、日々、がむしゃらに「挑戦」し続けていたらこうなっていた、というのが正直なところだ。

**『金儲けより、人儲け』**

人生でも、仕事でも、一番大事だと私は思っている。

そして世界中、どこへ行っても、どんなに時代が変わっても、それは変わらない。

私自身の人生を振り返っても、周りの幸せな人たちを眺めてみても、結局人儲けのできる人が仕事でもプライベートでも充実するし、楽しくハッピーな人生を送っている。

そして、自然にスケールもでっかく生きている。

しかし、そんな私はろくなもんじゃなかった。

アメリカに渡る19歳まで、京都の「ごんたくれ」と呼ばれていた。「手に負えないどうしようもないワル」という意味だ。

空手で鍛えた腕力にものを言わせて喧嘩《けんか》に明け暮れ、親を泣かせてばかりいた。勉強などしたこともないから、大学受験にスべったのも当然だった。それも英語でスベッた。そんな英語も話せない男が、憧れのアメリカへ留学に飛び立った。それもたった500ドルを手にして。

なのに、ナントなさけないことに……。機内では、毛布を頭からすっぽりかぶってブルブル震えていた。アメリカという未知の国への不安もあるが、キャビン・アテンダント（客室乗務員）に英語で話しかけられるのが怖かったのだ。10時間というフライト中、喉が渇いているのに、何を話しかけられているかもわからないから、キャビン・アテンダントと一言も会話を交わすことができなかった。

京都では、肩で風切って街を歩き、ちょっとでも生意気そうな奴を見つければ、たとえ相手がヤクザであろうとボコボコにしていた男が、である。

さて、私の人生をちょっと紹介しよう。

1949年（昭和24年）12月7日、私は在日コリアン一世の両親のもと京都に生まれた。父はカメラマン、母は焼き肉屋・お好み焼き屋・喫茶店・靴屋・洋服屋や雀荘《じゃんそう》など、服を着替えるように次々と商売を替えていたが、生活は苦しかった。

そんな中、7人兄弟の末っ子として生まれた。

一番上が兄、そして姉が5人。兄弟の間でのあだ名は「絞《しぼ》りカス」。兄弟が多い上に、貧しい家庭だったので、食事のたびに、おかずの争奪戦が始まる。

「潤喜、何しとんや」バシッ！

フライング気味に手を出すと、兄や姉の厳しい制裁が飛ぶ。一番小さい私は何度、悔しい思いをしたことか。このときから「こんちきしょー魂」が生まれた。

4歳のときに事件は起きた。私の一生を決めるアクシデントが起こった。その頃、母は貧しい家計を助けるために夜は針仕事をしていた。その周りで3歳上の一番仲のよい姉と遊んでいた。何かの拍子に僕の右の眼球のど真ん中に針が突き刺さってしまった。猛烈な痛みで泣き叫んだが、不思議なことに血や明らかな外傷は見当たらない。慌てて駆けつけた母も、状況が全く把握できず混乱するばかりだった。

翌日、右眼が腫れ上がっていたので、近所の医者にみてもらったが、原因がわからない。しばらく放置していて大きな病院でみてもらったときには、既に右眼の視力を失っていた。

それが原因で、小さい頃はずっとバカにされ、いじめられ、差別されてきた。

そこで周りと喧嘩になる。喧嘩に勝てば、いじめや差別がなくなる。そうした経験が、人生を決定づけた。

バカにされないようになるには強くなることだ。

中学で空手をはじめる。それも強くなりたいからだ。京都の町を肩で風を切って歩き、毎日喧嘩に明け暮れた。

そんな私が憧れたのがアメリカの強さだった。中学3年生のとき（1964年）に東京オリンピックが開催された。戦後の復興を象徴するように、世間は日本人の活躍に沸《わ》き立っていた。しかし、断然強かったのがアメリカだった。眩《まぶ》しく見えた。

私は強いものに憧れていた。とにかく、強くなければ、勝たなければいけないと思っていた。だからアメリカ選手の活躍に心を奪われ、勝利に感動し、なぜかアメリカ国歌が流れる表彰シーンに涙していたのだ。

その後、大学受験に失敗して、強い国アメリカを目指した。日本にこのままいても、ヤクザからスカウトされるのが関の山。母は僕をいつか韓国に留学させるために、密《ひそ》かに貯金をしていた資金をアメリカ行きの旅費にあててくれた。しかも足りない分は、親戚近所から借金までしてかき集めてくれた。

シアトルに暮らしはじめて2、3カ月は、中古で買った車で寝泊まりしていた。やがてガーデナー（芝刈り）のアルバイトを見つけ、裸電球がぶら下がった家賃30ドルの安アパートに住むようになった。強制送還の恐怖から脱出すべく学校に通うようになると、住み込みでアルバイトをはじめた。

空手の授業で助手に見込まれ、賞金稼ぎの空手トーナメントに出場することが、生活の糧になっていた。

アメリカに来て2年ほど経った1971年、道場を開いた私はリンダと出会う。一目惚れして、その日から押しに押しまくって、2週間後には強攻プロポーズ。なかなか首を縦に振ってくれないリンダに、答えを強引に迫った。

「今すぐ返事をしてくれ！」

自分の手のひらに火のついたタバコを押しつけて、そう迫ったのだ。そのときは、そんな方法しか思いつかなかった。だが、プロポーズは見事、成功した。

幸せな結婚生活だったが、世の中は不況の真っただ中の1981年。子どもを抱えているのに、空手道場の生徒数がどんどん減り、経済的には大変だった。

クリスマスプレゼントを生徒たちからたくさんもらうが、お返しするお金がない。このとき、母がよく作ってくれたソースをクリスマスプレゼントとして生徒たちに贈ったところ、それが思いのほか喜ばれた。

「これだ！」ということで商品化したところ、当たりに当たり、リピートや紹介が次々と起こり、私たち家族を救ってくれた。これが「ヨシダソース」のはじまりだ。

コストコでカウボーイハットと着物、ゲタといった恰好でソースを実演販売して大ヒットとなる。1982年、オレゴン州にヨシダフーズを設立。

その後、アメリカの中小企業局（SBA）が選ぶ全米24社の中に、FedEx、Intel、AOL、HPなどと並んで「殿堂入り」を果たす。

2005年には『Newsweek日本版』で「世界で最も尊敬される日本人100」に選ばれる。2017年7月、日米の友好に貢献したことを理由に外務大臣賞を受賞。

そして75歳の現在、今まで大手食品会社にアメリカでの独占販売権を与えていたが、それを買い戻して自社で販売を始めたところ、前年比の2倍の売り上げに迫る勢いだ。

これにマスコミも注目し、世界的な経済誌『Forbes（フォーブス）』に、昨年（2024年）末大きく取り上げられたりしている。


順風満帆な人生とはとても言えない。むしろ波乱万丈の人生だったのだ。

4回破産しかけて、一度はこめかみにピストルを突きつけ自殺寸前まで追い込まれたこともある。失敗の数なら、誰にも負けない。だけど挑戦の数はそれをはるかに上回る。そんなジェットコースターのような人生だけど、大満足だ。

今回は日本のベストセラー作家・望月俊孝さんにインタビューをいただき、今まで書いたもの、話したものをまとめ、私からの学びも加えていただいた。

望月さんは20年前に私の講演テープを聞き、本も出るたびに繰り返し読んでいただいたという。私の生き方から学び、人生が豊かになり、「人儲け」を実践してくれている一人だ。本当に嬉しいことだ。

もっともっと、日本の人々に私の生き様と夢が伝わったら、嬉しく思う。

吉田潤喜

※本文イメージ写真は、著者が1969年以降でのアメリカ放浪時代のスナップです。(著者提供)

# 目次

鹿
児

# 一、憧れをつかめ

# 神さんの眼を入れるために

「こんちきしょー！　今に見とれ！」

私の人生を貫《つらぬ》くのが「こんちきしょー人生」だ。それは4歳のときに始まった。右眼を失明し、視力を失った眼は灰色に濁り、誰が見ても正常でないことは、それこそ一目瞭然《いちもくりょうぜん》だった。

子どもという生き物は容赦《ようしゃ》がない。事故を機に、失明が理由でいじめられもした。いじめられるようになったときから、喧嘩に明け暮れた。いじめられるたびに「こんちきしょー」と思って戦ってきた。その精神が、原動力となり、私の人生を決定づけたのである。

その発端《ほったん》となった右眼の失明について、あるとき、懇意《こんい》にしている京都の坊さんに、こんなことを言われた。

「潤喜さん、何であなたは失明したか知ってます？」

「みんなからいじめられて、世の中を恨むためちゃうか？」

**「違います。神さんが神さんの眼を入れるために、4歳のときにあなたの眼を取ったんです」**


涙が溢《あふ》れた。

小さいときにあんな経験をして、「何でわしだけや！」「何でわしじゃなきゃあかんねん！」とずっと思ってきた。なぜ自分だけがこんなに大変な人生を歩まなければならないのか、という疑問をずっと抱いてきたのだ。

そう言うと、坊さんはこう続けた。

**「神さんの眼があるために、あなたは人を読めるんですよ。今まで騙《だま》されたことがないでしょう？」**

確かにその通り。私は商売でも何でも、人に騙されたことがない。失敗はあるけれど、従業員に騙されてお金を持ち逃げされたとか、詐欺まがいの取引に引っかかったとかいうことはない。

さらに、

「あなたが苦しかったり困ったりしているとき、必ず誰かが助けてくれたでしょう」

とも言った。これも本当だ。私が窮地《きゅうち》に陥《おちい》っているとき、必ず誰かが現れて助けてくれた。だから、自分の力でここまで来たと思ったことは一度もない。

**「あなたは前世で何回も生まれ変わってきて、そのときにお世話した人達が現れて、今世《こんせ》、お返しをしているんです」**

「ほな、わし、どうしたらいいねん」

「いいんです、そのまま受け取りなさい」

涙が止まらなかった。

生まれ変わりを信じられなかったとしても、そうとしか考えられないほど、私の人生はいろんな人に助けられてきたのだ。

振り返ってみると、どんな人生を歩むかは4歳のときに決まっていたと思う。

**「あなたは右眼を失明して、グレて喧嘩になって、その喧嘩から空手に出会って、アメリカで食べられるようになっていったんですよ」**

と言われたが、その通りだ。

裸一貫でアメリカに渡ったのも、アメリカで空手を教えて、その人脈で道場を経営して、ソースを作って売って、いろんな会社を興していったのも、**4歳のときに失明したのが発端だった。**

今では、右眼を失明したのは、後にこうした運命をたどる布石だったのだと理解できる。

そして、**「不幸というのはその後の幸せのために起こっている」**ということもわかるのだ。

**それも神さんが与えてくれたことだとわかるんだ。**

だから、新たに出会った人から、

「はじめまして」

と挨拶されるが、心の中では、

**「お久しぶりだな～！　やっと再会できたな～！」**

と思っている。前世からの関わりがあるから、今日ここでこの人と会えていると思うのだ。

そしてまた、恩返しをしたり、されたりの付き合いが始まるのだなと。

そやさかい、私は初めて会う人にも、このことを話すことがある。そして、

「お久しぶり。やっと再会できたな～！」

って挨拶する。するとお互いに一気に距離が縮まったり、中には泣き出す人まで出てきて、忘れられない再会となるんだ。

「いったい、私たちはどのくらいの人と（今世）再会できるんだろう」と考えることがある。

もし1000人の人と出会ったとしたら、そのうち何人と再会できるのだろう？

そうやって冷静に振り返ってみると、1000人中、再会できるのはわずか2、3人かもしれない。

それくらい「再会」って貴重だし、素晴らしい関係なのだ。

そんな素晴らしい関係なのだから、せめて私は「自分ができることって何かな?」「相手のためになることってないかな?」と考える。

ましてや前世からのご縁で、やっと会えたのだから。意味があって、出会っているのだから。

そう思うともう胸熱うなるやろ。

そんな貴重な出会いが毎日、毎日、あるなんて、それだけで素晴らしい人生やと思うな。

## 1
吉田潤喜
語録！

逆境こそ、最高のギフトや！
なぜ、こんな大変な人生を
歩まなければいけないんだ！　と思ってきたが、
失明することで
「神さんの眼」という
最高のギフトを与えられていた。

## 【吉田潤喜からの学び】望月俊孝

吉田会長と会っていると誰もが元気になっていく。ただ単にポジティブ・シンキングをしているだけではなく、痛みや苦しみを経験し、差別も受けてきた人だからこそ、人の痛みがわかるのでしょう。

その上で、「逆境を最高のギフト」に変える逆転の発想（反転マジック）で人の悩みにもこたえていく。

それも「神さんの眼があるために、人を読める」だけでなく、仕事や人生まで「神さんの眼」で見通すことができるのでしょう。

世界のパナソニックを一代で築き上げた松下幸之助さんは、

「なぜ成功できたのですか？」という質問に、

①貧乏だったから

②病弱だったから

③学歴がなかったから、と答えた。

貧乏で、丁稚《でっち》奉公をしたからこそ、人や商売の基礎、お金の大切さを学んだ。

病弱だったからこそ、人の力を借りた。人の協力のもとでやってこれた。

学歴がなかったからこそ、人の話をよく聴き活かしてきた。

これが3つの財産だというのです。

通常は三大弱点と言ってもよいことを、3つの財産・成功の秘訣だというのです。

吉田会長や松下幸之助さんのように、

**「もし逆境や不運さえ、最高のギフトや。成功の秘訣・財産だ」**

と考えを転換できたら、どんなことでもギフトや財産に変える力を手に入れたと言ってもよいでしょう。そして、もちろん、「私は恵まれている(ツイてる)」「私は強運」だと自然に思えることでしょう。

ここであの歌手のさだまさしさんが吉田潤喜会長を語った言葉をお伝えしましょう。

**『豪快で、繊細で、優しくて、厳しい。甘えん坊で、傷付きやすい癖に負けん気は世界一。アメリカではイチローよりも有名な日本人、というのは本当で、オレゴン州で彼を知らない人はいない。苦労人だから人の痛みもちゃんとわかるから、つらい思いをしている人こそ彼の話を聞いてほしい。きっと元気とやる気が湧いてくると思う。大好きで素晴らしいおっさんだ』**

**さだまさし**

## チャレンジ・ワーク

人生を振り返って大変だったな〜、苦しかったな〜、よく頑張ってきたな〜、と思うことを書き出してみましょう。それが「神さんの眼」から見たら、どんな意味があったのか？それでどんな学びがあったのか？　これから、どう生かしていけばよいのか？　と考えてみましょう！

# 「チャンス」の前に、「憧れ」をつかめ

私は、戦後すぐ（昭和24年）に、京都で、在日コリアン家系の7人兄弟の末っ子に生まれた。とにかく貧しかった。食卓のおかず一つでも争奪戦。一番小さい私は、いつも悔しい思いをした。

そして、4歳のときに、片眼を失明、周囲のガキどものかっこうのいじめの対象となった。今ならばありえない、差別用語を言われ続けた。

私は思った。**「こんちきしょー！　今に見とれ！」**絶対負けてはいけない。なめられてはいけない。人生はしょせん、喧嘩や。だから、私は強くなりたかった。「強いもの」に

憧れた。おかげで2つの「強いもの」に出会えた。

**まずは、「空手」だ。**兄の影響で、小2から柔道をやっていたが、物足りなかった。このままでは喧嘩にも兄にも勝てん。そこで、中学入学と同時に、京都駅を挟んだ反対側の鉄道公安局の空手道場に入門した。稽古は厳しかった。でも、生まれて初めて、夢中になれた。中学から帰ったら、真っ先に道場に向かっていた。

空手は、「実践的」だった。拳《こぶし》一つで、中学校では番長に成り上がり、それだけでは飽き足らず、仲間と大阪の天王寺や鶴橋《つるがはし》に繰《く》り出しては、「路上稽古」に興じた。京都弁に「ごんたくれ」という言葉がある。「手に負えないどうしようもないワル」という意味だ。当時の京都では、私は筋金入りの「ごんたくれ」だった。

しかし、これだけだったら、今の私はない。おそらく、極道の道に進み、若くして野垂れ死んでいただろう。**幸運なことに、私はもっと、大きく強い存在に出会うことができた。**

**それが「アメリカ」だった。**ケタ違いのデカさだ。

最初に意識したのは、1962年（昭和37年）に起きた「キューバ危機」だった。ソ連（ロシア）が、カストロ政権下のキューバに、核ミサイル基地を建設したのだ。世界中が、核戦争の危機に、固唾《かたず》を呑んでいた。それは、私がいた京都の東寺道の商店街でも同じだった。

そこで、アメリカのケネディ大統領は、キューバに向かうソ連艦を食い止めるために「海上封鎖」を命じた。「ごんたくれ」の12歳の少年が、国際情勢なんぞ知るはずもない。でも、なぜか「海上封鎖」の言葉が、強く心に響いた。脅しやない。本気や。喧嘩に勝つなら、このぐらい、腹を据えて、キッパリいかなきゃならん。**私はアメリカという国に「畏怖《いふ》」の念を持った。**

それから2年後の1964年には、東京オリンピックがあった。高度成長期のおかげで、我が家にもナショナルの白黒テレビがきたのだ。私も開催期間中は、画面にかじりついていた。そこでも、私の心をつかんだのは、「アメリカ」だった。陸上競技のボブ・ヘイズ選手をはじめ、金メダルを総なめにするアメリカ勢。そして、メダル獲得のたびに、星条旗をバックに流れるアメリカ国歌。私は、その調べを耳にするたびに、不思議と涙がこぼれてきた。**アメリカは、ほんまに強い国や。その強い国に行って、自分も強くなりたい。**

それから4年後のメキシコオリンピックのときには、さらにその想いが強まった。当時の私は、目指していた立命館大学に落ち、浪人状態だった。このまま、ぼけーっとしていたら、気の合わない兄貴の鉄工所でこき使われるか、ヤクザになるかだ。

**私は、思い切って、憧れの国アメリカに行くことにした。** 1969年(昭和44年)のはじめ、19歳のことだった。

2

吉田潤喜
語録！

こんちきしょー！
今に見とれ！
どうせやるなら、ナンバー1。
憧れを目指せ！

## 【吉田潤喜からの学び】望月俊孝

**「憧れ」は、僕たちの人生を確実に変えてくれます。**今の自分の外に広がる世界を見せてくれて、そこに向かう力を与えてくれるからです。

僕の経験もシェアしましょう。実は、僕も「強さ」に憧れていました。と言っても、「拳」のほうではなく、「話す」ほうでした。子どもの頃から、ひどい赤面恐怖症だったんですね。人前で話すのは大の苦手。魅力的な異性の前では、顔もあげられません。

悩んだ末に、20代の頃、「空手道場」ならぬ「話し方教室」の門をたたきました。人生を変える「憧れ」に出会ったのは、そのときでした。ある教室で、**「あなたも500人の前で堂々と話せます」というパンフレットを目にしました。**その文章と実際の登壇写真を見た瞬間、本気でしびれました。

**「もし機会があれば、出演料を払ってでも、500人の前で話してみたいなぁ！」**

僕は、しみじみ思いました。

振り返れば、これがライフワークである「講師」の原点でした。そして67歳になる現在でも、年間200回、人前で話しています。ナンバー1・憧れを目指し、トップ1％くらいにはたどり着けたでしょう。

いかがでしたか？「憧れ」は本当に前触れもなく、降ってきます。吉田会長がニュースから流れる「海上封鎖」の単語でしびれたように。僕が話し方教室のパンフレットの写真とコピーにしびれたように。

**よく「チャンス」をつかめと言いますが、まずつかんでほしいのは、「憧れ」です。**

「憧れ」を全身で感じることができれば、その後の選択や行動のすべてが、憧れた対象に向かっていきます。すると、他の人では気が付かないチャンスに、いつのまにか巡り会えるのですね。

## チャレンジ・ワーク

「憧れ」をつかむ力を鍛えましょう。日常の中で、「いいな」と思ったものは、すかさずメモしたり、写真をとったりして、しっかり残しておきましょう。そして、自分は、その対象のどこに惹かれたのかを考えてみましょう。

# 私がアメリカに渡れた理由

私が渡米した当時は、1ドルが360円の時代。アメリカの往復の飛行機代1500ドルは、サラリーマンの年収にも匹敵していた。月収ではない、年収だ。さらに当座の資金として現金で500ドル。合計2000ドル。それを実現できたのは、実は、すべては、母親のおかげだった。

とても裕福ではない私の家では大変なことだった。

私の両親は、韓国生まれで、日本に渡ってきた。そのため、私自身は、在日コリアン二世である。姉5人兄1人の7人の大世帯。生活は貧しく、にごったサツマイモ粥をよく食べていた。

さて、このような家庭で、どのようにして、アメリカに渡るお金を母は工面できたのか？まずは、母親の話をしよう。15歳で日本に嫁に出された母親は、頼るべき親戚も、帰るべき場所もなかった。そのため、7人の子どもを養うために、次々と商売を替えて、懸命に働いていた。小学校3年までしか学校には行っていなかったが、銀行が舌を巻くほど、お金の勘定が上手だった。

そんな母に、大学に落ちた私は、アメリカに行く夢を伝えた。すると、母は、引き出しから白封筒を取り出して、私に差し出した。

**「このお金で、アメリカに行きや」**

私は、驚いた。「おふくろ、このお金どうしたん？」聞けば、母親は私を韓国に留学させて、祖国の文化を学ばせようと。コツコツ貯金をしてくれていた。それも20年近くも……。それどころか、近所の人から借金までしていたのだ。当時、私のアメリカ行きの夢を応援してくれたのは、母親だけだった。他の兄弟姉妹は、みな反対した。**母親の存在がなかったら、今の私はない。**

**それは私をアメリカに送り出してくれたことだけではない。**

私の最大のメンターは母親だ。小さな頃に耳にタコができるほど言われた。

『男のくせに何をモタモタしてるんや！』

『男のくせにいつまで泣いとるんや！』

『男やったら、お前を泣かせた奴のところに行って、もう一回勝負してこい！』

〝男やったら〟〝男のくせに〟…

何百回も、何万回と言われていた言葉が75歳になった今でも強烈に脳にこびり付いている。


本当のメンター・母の言葉は耳からも、脳からもいつも聞こえてくる。

いくら素晴らしい人物の本を読んでも、その人の言葉が強烈に脳の中に浸透して、常にその言霊が脳の中で聞こえてこない限り所詮《しょせん》、絵に描いた餅だ。

そして、言葉だけでなく、行動で、態度で、表情で、

**「どうせやるんやったら、大きいことをせえや。世間体なんか気にせず、好きなことをせえや」**

そう子どもの頃、母が私に示してくれていた。そして渡米のときも、その後の人生でも。今も耳元に響いてくる。

ところで、私が右眼を失明したことについて触れよう。

当時4歳で、遊んでいたとき、姉の持っていた針が眼のど真ん中に刺さり、失明してしまった。

貧しい家庭で母が縫物のアルバイトを夜にしていた。その周りで二人が遊んでいて起こった事故だ。

防ぎようがないことだったが、クリスチャンだった母は、毎朝、5時半に起きて必ずお祈りをしていた。そのときに祈っていたことは、

**「私の眼を潤喜にあげてくれ」**

ということだった。

# 親の生き様を理解

**母は私の夢を叶えてくれたが、後年、母親自身も自分の夢を叶えたことを知った。**

母親は家庭の事情で、小学校3年までしか通えず、卒業証書はもらえなかった。そこで、60歳になったときに、特別な小学校に入り直して、無事卒業したそうだ。心から誇らしい母親だ。

次に、父親の話をしよう。**母親の苦労の原因は、この父親だ。**職業は、カメラマン。当時は、とても珍しい仕事だった。だから、結婚式の記念写真など仕事はあったはずだ。実際に、自分の写真館まで持っていた。

では、なぜ貧乏だったかと言えば、あまりに浮世離れしていたからだ。少しでもお金ができれば、家には入れず、みんなフィルム代に使っていた。よく写真を撮りに家を空けていたが、そうして苦労して撮影した写真も、開いた個展でほめられれば、フィルムごと無料で人にあげていた。自慢の写真館も、私が10歳の頃の事業の失敗で、高利貸しに差し押さえられてしまった。その上、性格は亭主関白。たまに夜早く帰ってきても、夕飯のおかずが少ないなどと言って、出ていってしまう。当然、子育てにも無関心だった。

そんな父親の口癖は、**「しゃーないやん。神さんが面倒みてくれるわ」**

敬虔《けいけん》なキリスト教徒で、教会の長老までつとめていた父親ならではの口癖だ。そう言って、騙されても、ひどい仕打ちを受けても、人を一切恨まなかった。もっとも、子ども心には、「『神さん』じゃなくて、『おふくろ』が面倒みてるやろ!」と思っていたが。

まぁ、一言でいえば、とんでもないオッサンやった。**しかし、今では素晴らしい生き方をした一人の男として、尊敬している。**

きっかけは、父親の葬儀のときだった。教会で行われた葬儀には、たくさんの人が参列したが、みな口々に父親の生き様を称《たた》えていた。一言でいえば、「人助け」の人生だったようだ。中でも次のエピソードは、私の胸に響いた。

あるとき、父親が銭湯帰りに、バイクにはねられて、足を折ってしまった。犯人は近所の少年で、無免許運転だった。父親は、パニックになって泣いている少年に言った。

**「早く逃げろ！」「わしは足を1本折っただけだけど、お前は人生が台無しになるぞ」**。その後、交番の巡査が来てからも、少年をかばったという。

このような話が次々と出てくる。聞けば、聞くほど、素晴らしく豊かな人生だと思えた。この世を旅立ったあとではあったが、父親の生き様を理解できたことは、良い体験だった。

# 3
吉田潤喜
語録！

「どうせやるんやったら、
大きいことをせえや。
世間体なんか気にせず、
好きなことをせえや」
母の言葉が、
今でも耳元で響いていてくれている。

## 【吉田潤喜からの学び】望月俊孝

吉田会長のご両親のお話は、何度うかがっても、胸に迫るものがあります。

**「親の生き様を理解する」**

これは、単なる親孝行のすすめではありません。また、親から受けた仕打ちを受け入れろ、という意味でもありません。あくまで、成長したあなたの視点から、1人の大人としての親の存在を見つめるということです。

僕自身の話をしましょう。ある心理ワークの中で、**「父親を初めて理解した」**と思えたことがあります。

ワーク中に浮かんだのが、幼い頃の夕食時の父親の言葉でした。父親は、野球のテレビ中継を見ながらふと、こんなことを言っていたのです。

**「この人達はこんな遊びみたいなことしながら、お金がもらえていいよなぁ」**

父親は山梨県の工場経営者の3代目でした。寡黙《かもく》で自己犠牲的なまでに実直な父親でした。大人の視線で向かい合ってみると、いろんなことが見えてきました。

①自分は、あのときの父の一言で、「お金は苦労して稼がないといけないもの」という観念ができてしまったのかもしれない。

②本当は、父親ももっとやりたかった人生があったのではないか。

そこで、私は一つのことを決めました。

**「息子である自分は、大好きなことをトコトンやって、豊かになろう！」**。**それが僕なりの父への親孝行だ、と思えました。**

それまでの自分は、たしかに、自分の好きなことをしてお金を頂くことに、抵抗感がありました。でも、父親を理解した後は、そんな遠慮がなくなり、ライフワークに邁進《まいしん》できるようになりました。

親の影響を受けない子どもはいません。だからこそ、**親の生き様を理解できれば、あなたのこれまでの人生も理解ができます。すると、人生の長年の課題が、一気に解決する可能性があります。**親を理解した瞬間が、自立の瞬間といえるかもしれません。

### チャレンジ・ワーク

あなたのご両親が、「仕事」「お金」「結婚」「人生」「学歴」「会社」などのテーマについて、どのような価値観で語っていたか思い出してみよう。

その価値観に、あなたのこれまでの選択がどれくらい影響されてきたか、考えてみましょう。なぜ、親がそのような価値観を持ったのか、その人生から想像してみましょう。

# 金魚鉢から大海に飛び出せ

**「海外に出ろ！　1年でも、2年でも、放浪の旅に飛び出せ！」**

若者と若い心を持ったすべての大人に、言いたい。

日本は良い国や。でも、私には**「金魚鉢」**に見える。みんな、自分では何もせず、ただ口を開けて、パクパク餌を待っているだけだ。政府、上司、先生、両親がくれる餌を。そんな生活は、たしかに楽だろう。でも、少しでも変わったことをしたら、途端にバッシングが飛んでくる。はっきり言って、窮屈《きゅうくつ》や。

そんな日本で、ふと**「なんで、わしはこんなことさせられているんやろう？」**と思ったら、チャンスだ。家の中で悩んでも、はじまらない。その問いの先にある答えは、人生観が変わらないと、見つからないからだ。だから、日常を飛び出す必要がある。

もちろん、今は、ＰＣやスマホの画面上で、いくらでも海外の雰囲気は体験できる。日本人だらけの安全な観光地だってある。でも、目的は、海外旅行をすることやない。**非日常の中で、人生観を一変させることや。**

私も、アメリカの強さに憧れて、日本を飛び出した日のことは、生涯、忘れない。

１９６９年（昭和44年）１月24日。19歳の私は、アメリカ行きの飛行機に乗った。搭乗したのは、羽田発シアトル行きのノースウエスト航空００８便。今でも覚えている。

**機内の私は、ずっと、毛布を頭からかぶって、震えていた。**アメリカという未知の国への不安もさることながら、客室乗務員さんに話しかけられるのが怖かったのだ。

「何か飲み物でもお持ちしましょうか？」

そんな簡単な会話も何を言われてもさっぱりわからなかった。反応のしようがないから、目を合わせることすらできなかった。

それまでは、空手で鍛えた、いっぱしの「ごんたくれ」(悪ガキ)で鳴らしていた。でも、そのときは、怖くて仕方がないのだ。初めての飛行機の揺れや、初めて見る白人の客室乗務員さんにビビっている。

10時間という長いフライトの途中には、腹が減り、たまらなく喉が渇いた。それでも客室乗務員さんと話すのが怖くて、結局、アメリカに着くまで何も口にしなかった。決死の覚悟のアメリカ行きだった。

10時間のフライトの後、飛行機はシアトルにたどり着いた。そこは、一面の銀世界。その日は、何十年ぶりかの大雪だった。飛行機が滑走路に着陸すると、私の眼からは、とめどない涙が流れた。

「とうとう来たんや!」

**まったくあてもない私をすさまじい孤独と不安が襲ってきた。同時に、言いようのない興奮と感激も湧き上がってきた。一生に一度、感じられるかどうかの不思議な高揚感だった。**

もし、あなたが日本を旅立って、こんな感情に包まれたら、祝福したい。確実に、新しいあなたの人生が始まったのだから。

一人で海外に出よ！　世界を見て、世界から日本を見よ！

もちろん、日本を旅立つことだけではなく、現状を大きく変えていく旅立ちをしたのなら、本当におめでとう！

人生には二種類ある。

「金魚鉢の中の金魚のような人生」と「ジェットコースターのような人生」だ。

やりたいことをやる。気がついたら動いている。

無鉄砲で、何の計算もない。ジェットコースターのように上がって行ったかと思うと、ガーっと落とされる。まるで私のような人生だ。しかし落ちる理由、それは見栄だ。

見栄をコントロールして、ジェットコースターの人生を生きたら、それはそれは面白い。

4

吉田潤喜
語録！

海外に出ろ。
金魚鉢から大海に飛び出せ。
世界を見て、
世界から日本を見よ！
非日常の中で、
人生観を一変させろ！

## 【吉田潤喜からの学び】望月俊孝

「自分を変えたい。人生を変えたい、でも、変われない」日々、僕のもとに来るご相談です。頭では必要性がわかっていても、気づいたら同じことを繰り返しているのが人間です。

なぜ、こんな現象が起きるのでしょうか？　それは、「感情」が変わらない限り、人は無意識に馴れた選択や行動を繰り返してしまうからです。

「感情」は、英語では、〝emotion〟ですが、この語源はラテン語の〝emotere〟であり、「エネルギーの動き」という意味です。**つまり、感情とは、あなたのエネルギーを動かすものなのです。そのため、「感情」が動けば、それに伴い新しい選択や行動を取ることができるのです。**

そして、「感情」を大きく動かすには、吉田会長のように、海外という非日常の地に行くことが一番です。

僕の例もご紹介しましょう。30代前半、借金6000万円を背負った状態で、再独立をした頃の話です。多忙の合間を縫って、僕は、メンターの2週間のセミナーに参加しました。場所は、カナダのバンクーバー。共に学んだのが、大親友の作家本田健さんでした。本当に、かけがえのない2週間となりました。

彼はセミナー最終日、こんなお誘いをしてきました。**「最終日くらい、最高のホテルに泊まろうよ」**。正直、戸惑いました。それまでの2週間は、節約のために、安いモーテル住まい。もう、お金に余裕はありません。さらには、「今の自分には、そんな贅沢な場所はふさわしくない」という遠慮がありました。しかし、絶好のチャンスかもしれないと、思い切って、泊まることにしました。

僕らが選んだのは、フォーシーズンズ・ホテルです。ゲートを通った僕は、息を呑みました。日本にはありえない豪華さと格調高さ。しばしの驚きと興奮がおさまると、深い静寂の時間が僕を包みました。様々な想いが、次々と胸に去来します。**それは大きな感情の渦となり、今まで感じたことのない衝動が、全身を駆け巡りました。喜び、祝福、感謝、承認……「自分は本当に素晴らしい！」「自分はよくここまで頑張ってきた！」。これまで絶対に自分自身にはかけてこなかった言葉が、雪崩《なだれ》のように湧いてきたのです。**

腹の底から力が湧いてきました。どんな名著やセミナーで学んでも、どんな成果を仕事であげて、どんな人に褒められても感じることのできなかった力です。それは帰国後も消えることはありませんでした。その力に背中を押されて、できることをすべてやるうちに、1年もたたずに、借金を完済することができました。

このように、**非日常の地で過ごすことは、あなたが封じていた感情を一気に解放してくれます。だからこそ、それまでできなかったことが、自然にできるようになるのです。**あなたもぜひ、日常を飛び出してみてください。

チャレンジ・ワーク

もちろん、海外に放浪するのが最高の「非日常」の一つですが、まずは可能な範囲で非日常を体験してみましょう。行ってみたいけど、敷居《しきい》が高いと思っていた場所やホテル、レストラン、パーティなどに行ってみましょう。

あるいは、ただ日常の空間から離れるために、長距離を移動してみるのでもよいでしょう。見知らぬ空間で、あなたの感情がどう変化したかよく観察してみましょう。

# 神様との根競《こんくら》べに勝て

アメリカに渡った私は、思い切った行動をした！

何も知らない異国の地で、住むところもなければ、頼れる人もいない。とりあえず雨風をしのがなければいけないし、アメリカではどこへ行くにも車が必要だったので、私は日本から持ってきたなけなしのお金と、帰りの航空券をチャイナタウンで売り払ったお金で、ボロボロの中古車を買った。

その日から、車で寝泊まりする生活が始まったのだ。

ちょっと想像してみてほしい。

アメリカへ来て日も浅い頃、英語もまるで話せない状況で、ボロボロの車の中で生活するのだから、心細いといったらこれ以上の境遇はない。

ビザもない私は、日系人のツテで、ガーデナー（芝刈り）のバイトをはじめた。収入は、週6働いて90ドル。ここから、お金を蓄え、まずは英語を覚えるために、学校に通うつもりだった。そのために黒人街にある30ドルの部屋を借り、食費は極力、切り詰めた。

**最大の不安は「強制送還」だ。それは飢えよりも怖かった。**当時の私は、不法滞在者。

アメリカの航空券が、日本のサラリーマンの年収にも匹敵した頃の話だ。いったん日本に戻されたら、二度とアメリカには帰れない。芝刈りしにアメリカに来たわけやない。そして、ガーデナーの仕事は、不法就労がバレやすかった。重い芝刈り機を扱うため、手の平にマメができる。移民局の連中が見れば、一発や。

私は思い切って、先手を打つことにした。自分から移民局に行って、グリーンカード（永住権）を発行してもらうのだ。もっとも、それは無理な話だった。アメリカの企業や学校にきちんと籍があるわけでもなく、アメリカ人の伴侶《はんりょ》もいない。

**しかし、私は毎月定期的に、移民局に通っては、バカのひとつ覚えのように繰り返した。**

**「どうやったらグリーンカードがもらえますか？」**

対応はいつも同じ女性だった。彼女の名前は、メリー・アンさん。この道30年のビザ審査官だ。とにかく機械的で冷酷な人だった。答えはいつも「無理です」の一言。2、3時間待ちの面談は、いつも2、3分で終わってしまった。

しかし、この経験が後に、思いがけない形で役に立つことになる。私は、遂に移民局に捕まってしまった。万事休すだった。明日には日本に強制送還される。と、そのとき、取り調べ室のドアが開くと現れたのが、メリー・アンさんだった。彼女は、無愛想な顔でちらりと私を見て、信じられないことを言った。

**「この子は私の知り合いよ」**

私はポカーンとする他なかった。とにもかくにも、この一言で無事解放されたのだ。

まさに彼女は、私の人生の大恩人だ。後年、私はリンダとの結婚式に、この大恩人を招待することにした。そこで、私はずっと気がかりだったことを聞いた。

「なぜ、あのとき、私を助けてくれはったんですか?」すると、彼女は言った。

**「アンタは私が会った日本人の中でも、英語が一番下手だった。それなのに、しつこく私のところに、ビザをくれって来たでしょ。それを見て、可哀想に思ったからよ」**

そのときの彼女の笑顔は、今でも覚えている。心の中で涙した!

本当に私は運があった。ただ運が味方してくれたのも、あきらめずにアタックし続けたからやと思う。**人間、最後は「しつこさ」勝負、神様との根競べかもしれんな。**

## 5
吉田潤喜
語録！

# 強運の秘訣？
# あきらめずにアタックし続けろ！
# 最後は神様との根競べや！

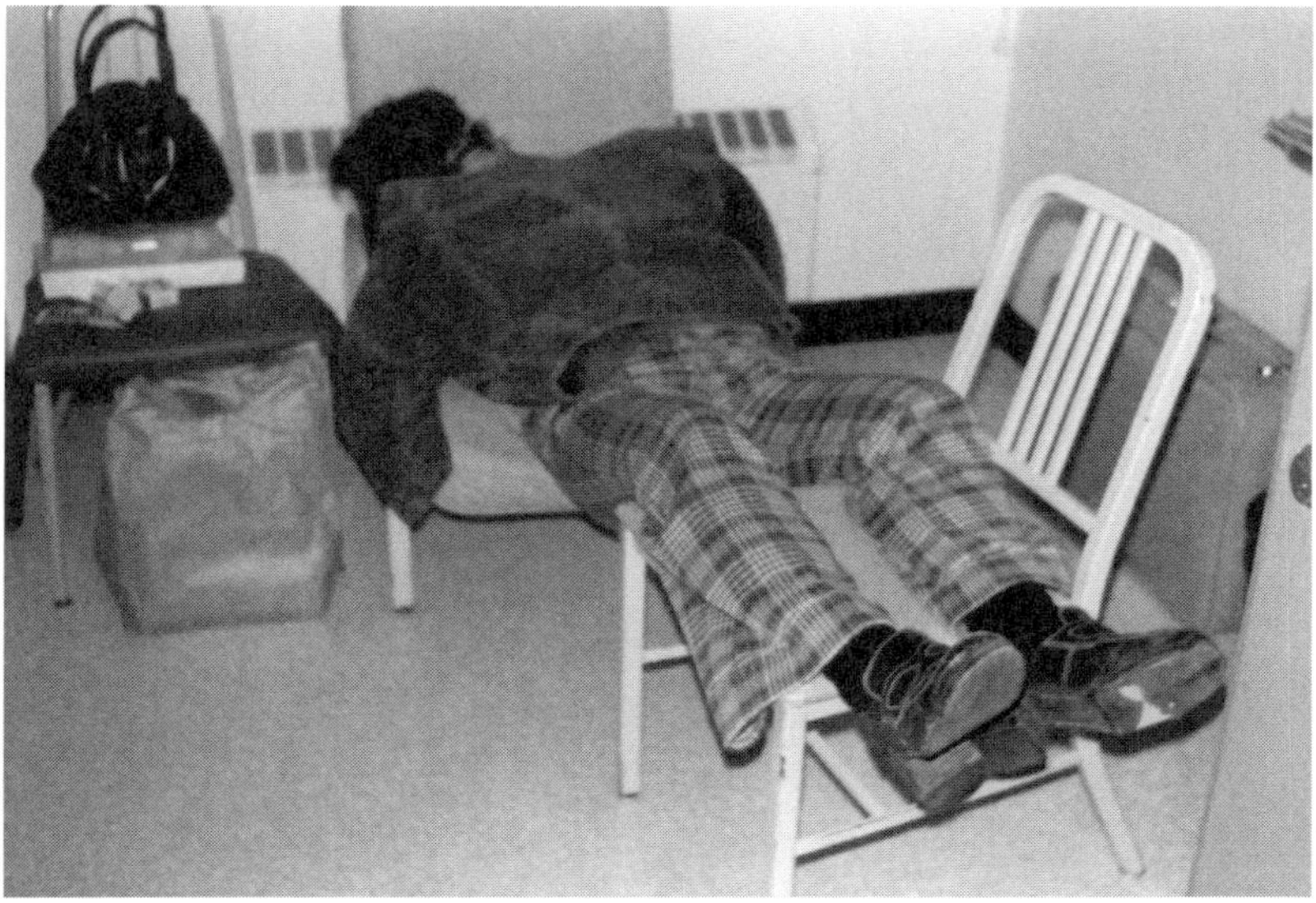

## 【吉田潤喜からの学び】望月俊孝

強運王である吉田会長の中でも、随一の強運エピソードですね。でも、これは決して、強運の持ち主の一言で片づけられません。

その背後には、ビザ審査官の女性が、思わず助けたくなるほどの「ひたむきさ」と「何としてでも実現したい」という強烈な思いや行動があったからです。

普段の場面では、しつこさは、マナー違反かもしれません。でも、人生の岐路《きろ》の場面では、欠かせない要素なのです。

**「ここで引き下がったら、後がない」。そんな場面では、不器用でも食い下がる必要があるのです。**とはいえ、ただのストーカー行為は、拒絶されるだけです。実は、食い下がるにもマナーがあります。

僕の経験をシェアしましょう。独立したての頃、ある有名カルチャーセンターで、自分の講座を定期開催したい夢がありました。しかし、日本中の先生が狙う枠です。当時、無名だった僕は、最初の面談、2回目は門前払いで、にべもなく断られてしまいました。しかし、あきらめるわけにはいきません。少しして3度目の面談のときに、次のようにたずねました。

**「どのような条件を満たせば、開催していただけますか？」**

担当の方はこう返しました。

「そうですね……たとえば本などを出されていたらまだ可能性があるけれど…」

言外に「どうせ出していないだろう？　出せるわけがないよね～」という雰囲気が漂っていました。

もちろん、そのときの私は本なんて書いていません。商業出版の話も来ていません。でも、自分のコンテンツをＰＲするために自費で小冊子を出す準備を整えていました。ワープロ打ちのお手製のものでしたが、表紙だけは少し装丁を整えていく予定でした。その表紙案をいつも携帯していました。

本といえば本に見えなくもないものです。少なくとも内容には自信があります。

僕は答えました。

「本なら間もなく出しますよ！」

「ええ、そうなんですか!?」

想像もしない答えに、担当者はしっかりと企画書を見てくれました。

このアプローチが効き、僕は念願のクラスをもつことができました。そして一年後には出版も叶いました。

ポイントは、

「どのような条件を満たせば、認めてくれますか？」

という質問です。そして教えてくれた条件を一つ一つ満たしていくのです。おそらくはすべてを満たす前に、相手側の心が動き、あなたの力になってくれることでしょう。

チャレンジ・ワーク

あなたが今、「できたらいいなぁ」と思っていることは何ですか？　その実現の一番のキーマンは誰でしょう？　ぜひ、その方に面会し、実現の条件を聞き出してください。そして、それを一つずつこなしていきましょう。

# 二、仕事に惚れるな

# 決断10秒の法則

「成功の秘訣は何ですか？」とよく聞かれる！
**「10秒の決断」**と答える。

迷ったり悩んだりする時間ほど、人生で無駄なことはない。悩むな、迷うな。
悩むならやめろ。悩むとアホな決断をしておかしくなんねん。

ソースのビジネスを始めたときもそうだ！

クリスマスプレゼントを道場のメンバーからたくさんもらった。ところが何か買ってお返しするお金がなかった。そこで思いついたのが、渡米前にお母さんがやっていた焼き肉屋の特製手作りソース。

それを作ってクリスマスプレゼントのお返しをした。お返しなので、1回きりのつもりだった。

ところが、「先生、美味しかったです」「また作ってください」「いくらでも払うからつくってください」。こんな声を何人もからもらった。

「そこまで言われるなら作ってやろうか」ということで、作っていると…ほとんどがリピートしてくれる。

妻のリンダが売った相手と金額をメモしてくれていたので見ると、リピーターが増えている。

**「これは商売になる」**

ピンと来た私は空手道場の地下で、本格的にソース作りに取り組むことにした。決断に10秒もかかっていない。

「これはいける！」と思ったら、次の瞬間には体が動き出している。それが、私のやり方だ。その決断があったから「ソース王」と呼ばれるようになった。

道場が終わると、そのまま地下に寝泊まりし、夜中にソースを煮込むのだ。なんせ、8時間コトコト煮込むのが母親が教えてくれたレシピだからね。

朝、出来上がりを確認すると、一本ずつ丁寧に瓶詰めをし、手作りのラベルを貼った。「ヨシダソース」が誕生した瞬間だった。

もし、あのとき迷ったり悩んだり、リスクの分析などしていれば、ソース作りはしなかっただろう。

だから、資料を集め、それを丹念に読んで分析し、一晩でも二晩でも、中には10日も考えている人を見ると、同情してしまうのだ。

「いつまでぐずぐずしてまんの？　あんたの人生、しんどいなあ」と。

ついつい尻を叩いたり、おせっかいをしたくなってしまう。

**決断が物事のスタート地点だ。ここでいかにエネルギーを持てるかで、その後の展開は大きく変わる。だから、スタートに大切なのは瞬発力だ。あれこれ考えるのは、走り出してからでも遅くない。**

これはビジネスの世界だけのことではない。人生すべてに言えることや。恋愛も、人間関係もみんな同じだ。

最愛の妻のリンダと出会ったときもそうだった。会った途端にひと目惚れをし、すぐに猛アタックをかけて、2週間後にはプロポーズをしていた。

あのとき、たった2週間だったが、リンダの人間的な優しさをちゃんと見ていたんだ、と今さらながらに思う。

もし、「声をかけようか、どうしようか？」「付き合おうか、付き合うのをやめようか？」「日本人ではむりかな？」と悩んでいたら、人生最高のチャンスを逃していただろう。だから、悩んだり迷ったりする必要はない。

いいと思ったら即決して「GO！」と動き出すか、悩んでいるなら「やめよう」と即決して、次の扉を探すかだ。

人生にはこの二択しかないだろう。悩みに悩んで「GO」を出したとしても、しょせん後悔するのが目に見えている。

私の人生はすべて「10秒の決断」の連続だった。その決断に失敗はなかったのかと聞かれたら、当然、失敗もたくさんした。だから、4回も破産しかけたのかもしれない。しかし、その決断が間違っていると思ったことは一度もない。

**10秒の決断を10回、100回していけばいい。人生は決断の繰り返しや。たとえ失敗しても次の扉を開ければいい。**落ち込んで下を向いているうちに、別の扉が開いているのに気付かないで終わってしまうのはもったいない。

## 6

吉田潤喜
語録！

人生は二択しかない。
いいと思ったら
10秒で即決して
「GO!」と動き出すか、
悩んでいるなら
「やめよう」と即決して、
次の扉を探せ！

## 【吉田潤喜からの学び】望月俊孝

会長のスゴイところの一つが、この決断力と行動力です。それも人に対する愛がベースとなっていることです。

成功の秘訣が「10秒の決断」

多くの人が決断を明日にしよう、明後日にしよう、とどんどん先延ばしします。決断が未来を切り拓く力であることは知っていながらも、どうして先延ばしするのでしょうか？

それは失敗への恐れであったり、責任の重さであったり、他人から批判されたり、反対されたりする可能性があることからくる不安でしょう。

その結果、大きな決断はどんどん先延ばしすることになってしまいます。

先延ばしすることは実はある決断をしていることになる。**先延ばしするという決断は実は「今のままでいい」「このまま変わらなくていい」という決断を日々して**

**いることになります。「今のままで変わらなくていい」という決断を毎日強化していったら、自ら変化、挑戦しないので、周りに振り回されて終わってしまう人生になってしまう。**

人生はトランプの「神経衰弱ゲーム」に似ている。

52枚のトランプを裏返しにして、2枚ずつ表にしていき、数字が合ったものを自分のポイントにするゲームです。

「神経衰弱ゲーム」は、最初はなかなかうまくいきません。でも52枚引いた頃には、どんどんポイントをゲットすることができ、最後はあっという間にポイントをたくさんゲットすることができます。

最初は失敗だらけです。だって、どこにどんなチャンスがあるのか、やってみなければわからないのですから……。でも20枚も30枚も挑戦、つまりカードを表にしていけば、たとえ失敗の連続だとしても、どこに何があるかくらいは少しずつわかってきます。そして答えが見つかるので、ワクワクしてくる。

仮に52回も失敗すれば、それからはどんどん答えやチャンスが見つかっていきます。

しかも相手（人）が開いたトランプの情報まで、活用することができるのです。トランプでは誰かが取ったトランプはそこには存在しなくなりますが、人生では同じ場所に同じカードが何枚も何枚も存在します。

どんどん挑戦していく人に、そして人が挑戦したことを見ていて、その経験を活かす人に、人生は微笑んでくれるのです。

でも、人生のゲームでは裏面になったカードを前にして、何が起こるかわからない、とずっと悩んで、カードを開こうともしないで腕組みをしている。それは時間を浪費しているだけです。

ところが吉田会長のように成功の秘訣が「10秒の決断」だとわかっている人は、どんどん人生のカードを開いていく。答えが見つかり、自信が生まれ、やる気も行動力もますます高まり、さらには直観まで磨かれてくる。

**「人生は決断の連続。10秒の決断を10回、100回していけばいい」**

## チャレンジ・ワーク

ずっと悩んでいたり、迷っていたりして、決断を先延ばしした結果、チャンスを逃したことはないですか？

「10秒で決断」(即決) したことで、うまくいったことは何がありますか？

意外とあるけれど、即決したので、「たまたまうまくいったんだよね」とか「流れに乗っただけなんだけど……」と思っていたという例もたくさんありますよ。

今日から「10秒の決断」を少しずつでも挑戦してみよう！

# できない理由を並べるな

ＮＩＫＥ（ナイキ）というスポーツ用品メーカーがある。ご存じ、世界の最大手の1社だ。1990年代、このＮＩＫＥとの契約で、ヨシダグループは大躍進を遂げた。そのきっかけをお話ししよう。

1980年代、まだ小さかったＮＩＫＥの本社は、オレゴン州のビーバートンという街にあった。ちょうど、私が最初に空手道場を開いた街だ。多くのＮＩＫＥ社員が空手を習いに来てくれた。生徒の中には、後にＮＩＫＥの大幹部になった者もいた。

ある日、そんな生徒の一人から相談を受けた。なんでも、荷物を3箱、韓国の釜山《プサン》に送らないといけないそうだ。**期限は3日。**最短ルートでも、ロサンゼルスまでトラックで運び、そこからソウル行きの飛行機に載せて、さらにソウルから釜山までトラックで運ぶ必要がある。日本の運送会社からは軒並み断られたそうだ。たしかにキツい日程や。おまけに紛失のリスクもある。

**「よし、やったるわ！」**。私は、自分のグループ会社の一つ「オレゴン航空貨物」（OIA）で引き受けることにした。

しかし、OIAの社長スティーブ・エーカリーは、大反対だった。スティーブも空手の教え子の一人で、地元の航空貨物会社に勤務していたところを引き抜いた男だ。だから、私はボスでもあり、武道の師匠でもあるのだが、そんなことお構いなしだ。**延々と「できない理由」を並べたあげく、「無責任だ！」と非難する有り様だった。**

まぁ、気持ちはわからんでもない。スティーブは、貨物の世界では叩き上げの経験者だ。そもそも、荷物の中身すらよく教えてもらっていなかった。聞いていたのは、「風船みたいな空気のクッションで、危険はない」ことだけ。

最初は「もう、決まった話なんや」といなしていたが、段々、腹が立ってきた。そこで、スティーブにこう命じたのだ。

**「できない言うなら、今からコリアン航空のチケットを買うてこいや！　それで箱3つ、おまえが釜山まで持って行くんや！」**

スティーブは驚いて、「そんなやり方はプロじゃない！」とのたまった。知ったことか。**仕事にプロ（本職）もアマ（素人）も関係あらへん。**ただ、お客様に約束した「3日以内に指定した工場に3つの箱を持っていく」、これができればいいだけだ。

幸い、箱の重さは1つ10キロ程度。観念したスティーブは、翌日、旅立った。まぁ、スティーブが言う通り、たしかにプロっぽくはないな。なにしろ、貨物会社の社長が手持ちで荷物を届けにいくのだから。そこで、スティーブには、「NIKEの事務所についたら、3つの箱を置いて、見つかる前にすぐに逃げろ！」と言い含めておいた。結局、無事、箱を届けることはできた。お願いしてきた生徒は、驚愕《きょうがく》して、しきりに「どう運んだか」

を聞きたがった。私は「企業秘密」とだけ言っておいた。

さて、荷物の中身が、気になった方もいただろう。その正体は、**「エアソール」**だった。後に、NIKEの代名詞になるシューズのクッションだ。当時のNIKEは韓国に製造工場を持っていたが、秘密兵器である「エアソール」のみ本社のあるビーバートンで製造していた。

この一件で、**OIAはNIKEから全幅の信頼を勝ち得て、エアソールの輸送を独占することができた。その量なんと、3億足分！**

とにもかくにも「素人」の発想だったから、できたことだ。一般の運送会社のように、保証の観点から、リスク分析なんてしなかった。

ただ、3つの箱を3日以内に韓国の工場の前に置く。

それしか、考えていなかった。できる、できないでなく、既存の概念から外れて、何とかして実現させる方法を考える。できない理由を並べている暇《いとま》など、ない。

なお、実際の功労者スティーブには、その後のOIAの急成長にともない、70万ドル（約9000万円）のボーナスを出した。彼は、そのボーナスでオレゴンを流れるコロンビア川沿いにキャッシュで家を購入したそうだ。

**社員の評価は、最終的には「名誉」や「やりがい」ではなく、「お金」だ。**私は、飛行機もエコノミーに乗るくらい見栄には厳しいが、できる社員や評価したい社員には、相応の対価を支払うことが義務だと信じている。

7

吉田潤喜
語録！

できない理由、
やらない理由を考え出したら
いくらでもある。
だが、そこに逃げ込むな！

## 【吉田潤喜からの学び】望月俊孝

人は難題に直面すると、「やれない理由」を探し始めます。それも、とてもクリエイティブに。

どうせなら、その創造力を「できる理由」探しに向けたほうがいいですよね。

また、怒りや悔しさを耐え忍ぶだけではなく、それをエネルギーに変えていけたらいいですよね。

では、どうすれば、方向性を変えられるのでしょうか？

ジェリー・スターニン。**彼はある画期的な方法で、ベトナムの子どもたちの栄養不足問題を解決しました。**食糧問題の解決には、膨大なお金と時間がかかります。しかし、スターニンは半年という期限しか与えられませんでした。そればかりか、政府からの支援も受けられませんでした。でも、だからこそ「自分がやらなければ誰がやるのだ！」「何としてでも、救いたい」という絶望的な状況をエネルギーに変えて行動したのです。

彼は、大きな武器となる質問を持ちました。

**「家庭がごくごく貧乏なのに、ふつうの子どもより体格がよくて、健康な子どもはいましたか？」と質問して回ったのです。**

そして「いる」と答えが返ってくると、即座に、実際にその母親と子どもに会いにいき、「どうやっているか？」を熱心に聞きました。彼の心の中には待っている子どもたちがいたのです。

それを繰り返すうちに、健康な子どもがいる家庭の共通点が見えてきました。たとえば、食事にサツマイモの葉や小さい甲殻類を入れていたことが分かりました。また、1回あたりの食事量が少ない代わりに、4回に分けて摂《と》っていました。

さらに、スターニンは、この発見を実証する場を作りました。栄養に問題を抱える50の家族が、10家族ごとに毎日小屋に集い、小エビ、小ガニ、サツマイモの葉をもちより、一緒に料理をするのです。

自分たちのコミュニティが実は持っていた智慧《ちえ》を、自分たちの手で共有していく。この方法は一気に、ベトナム中に広まりました。

ついには265の村から、220万人のベトナム人が参加。**任期を終える半年後には、実に65%もの子どもの栄養状態が改善していました。たった半年……6ヵ月で……。**

もし、問題に直面して、「できない理由」があふれてきたら、一度立ち止まってみてください。そして、問いかけてみてください。

**「この問題を解決したことがある人は、1人もいないのだろうか？」**

その瞬間から、あなたの創造性は「できる理由」や「やり方」探しの方に向いていきますよ。

たとえ、政府が援助してくれなくても、大きなライバルがいたとしても、そして理不尽な抵抗にあったとしても、その怒りや悲しみや絶望すらも、エネルギーに変えていきましょう。

あなたを、あなたの行動を待っている人がたくさんいます！

## チャレンジ・ワーク

あなたが今、「どうせ、できっこない」と思っているチャレンジは何ですか？　そのチャレンジを成し遂げた人は、過去にいるか調べてみましょう。その人がどう乗り越えたか？　可能であれば、直接インタビューしてみましょう。

# 反骨精神で王者キッコーマンとの闘争

以前、政府が「起業家を育成する」プロジェクトを発表したことがある。正直、アホかと思った。**起業するときに一番必要なのは、自分より大きいものに対する「なにくそ！」という気持ちだ。**潰れないため、潰されないために、大いに喧嘩根性、反骨精神を発揮する必要がある。そんなものをお上《かみ》が教えられるのだろうか？

私がソースに乗り出した頃、アメリカ国内でも、すでに日本の「テリヤキ」という味は知れ渡っていた。私が作ったソース「ヨシダ・グルメソース」も、醤油、みりん、砂糖がベースだから、「テリヤキソース」には違いない。ただ、私はあえて「テリヤキ」とはしなかった。もし「テリヤキ」と名乗ったら最後、日本食品やオリエンタル食品といった東洋人限定の棚に入れられてしまう。私は、もっと巨大市場である「バーベキューソース」の棚でアメリカ人に向けて、勝負したかった。

やるからには徹底的にやった。ある大手スーパーで、ヨシダ・グルメソースがオリエンタルの棚に並んでいるのを見つけた。そこは苦労して入れてもらった所だ。でも、私はすぐさま商品の納入をストップした。

当然、バイヤーは激怒して電話をかけてきた。「お前、何様のつもりだ！」。私も負けじと言い返す。

**「約束を守らなかったのはそっちやろ！　私はアメリカ人に食べてほしくて、頑張っているんや！」**

日本で出入り業者がこんなこと言ったら、即刻出入り禁止やろ。でも、翌日、ヨシダ・グルメソースは、ちゃんとバーベキューソースの棚に並んでいた。

このあたりは、アメリカの強さだと思う。自分を主張する奴は一目置いてもらえる。あの当時、日本の味の日本の商品が、最大手ハインツの隣に並んでいるのは、ありえないことだった。

さて、この姿勢は思わぬ余波をもたらした。

当時のヨシダ・グルメソースの材料である醤油は、すべて大手醤油メーカー「キッコーマン」から買っていた。その醤油の仕入れ値を突如、値上げする通告が来たのだ。理由は明白だった。アメリカの「テリヤキソース」の市場を先行していたキッコーマンが、いよいよ私達をライバルだと思い始めたのだ。私たちの売上が伸びるにつれ、あきらかに売上が下がったのだろう。

値上げをやめるように懇願するも、キッコーマンの担当者は、こう言い放った。

「テリヤキ味が売れるのは、うちが何十年もかけてアメリカ人に浸透させてきたお陰ですよ。それを無視して、いい気にならないでください」

私はこれを喧嘩を売られたと理解した。売られた喧嘩は、相手が王者でも買わなあかん。**反骨精神にかられた私は、すぐに日本のヤマサ醤油に電話をかけ、取引先を変えることにした。**

ライバルのライバルは味方というわけだ。当時のヤマサ醤油は、まだ本格的に海外進出はしていなかった。それにもかかわらず、私たちのために、3ヵ月に1回のペースで醤油を輸出してくれることになった。さらに、それが週1回に増え、1回の量もどんどん増えていった。

**1994年には、私たちの会社から45分のところに、ヤマサ醤油初の海外拠点となる醤油工場を作ってくれた。**生産される醤油の9割が、私たちに納入される。もし、私たちが潰れれば、ヤマサ醤油も無事ではすまない。これも、12代目社長、濱口道雄氏が私を信用し、その成長に賭けてくれたからだ。プラザ合意（1985年）後の円高傾向にもかかわらず、ドルベースで取引してくれたことも、有り難かった。

もっとも、キッコーマンも黙っていない。私たちが、店頭販売が主なのに対して、向こうは大勢の営業部隊による人海戦術ができる。彼らの交渉により、あるスーパーでは、ヨシダ・グルメソースだけが棚の奥にずらされていたこともある。

さらには、各スーパーのバイヤーへの圧力もあった。お世話になっていたコストコもやられたという。しかし、コストコのバイヤーさんは、漢《おとこ》だった。

「なぜ、おたくのように急成長している会社が、あんな小さい会社と取引しているのですか？」というキッコーマンの幹部に対して、こう答えてくれたのだ。

**「私たちは、ジュンキという人間が、どこまで大きくなるのか見てみたいんだよ」**

おかげで、1990年代になると、ヨシダ・グルメソースは、キッコーマンが持っていたテリヤキソースのシェアの6割を奪い取ることができた。

8

吉田潤喜
語録！

起業家精神とは、
反骨精神。
怒りや悔しさを感じたら、
それをエネルギーに
変えるんや！

## 【吉田潤喜からの学び】望月俊孝

怒りを出すことは、通常、良くないこととされています。アンガーマネジメントも大人気です。でも、怒りには、とてつもないエネルギーがあります。

「あの人が自分に◯◯をした！」

「あの人が自分に◯◯をしてくれなかった！」

「あの人が自分に◯◯をするかもしれない！」

人はそんなときに、大きな怒りを覚えます。すると、「ナニクソ！」「今に見ていろ」というある意味、エネルギーが湧いてきます。**怒りによって、人は主体的に、普段はしないようなことにでも挑戦できるのです。**

何かを始めるとき、挑戦したいときは、このリベンジ・仕返し精神は、とても有用です。ただし、それを相手にぶつけたり、周囲にぶちまけてはいけません。

このとき大切なのが、怒りの後ろにあるものを見つめることです。

「そんなことおかしいだろう！　ふざけるな」

と思う気持ちの後ろには、

「本来ならばこうしたい・こうありたい」

というビジョンがあるはずです。

そうした怒りの後ろにある「意欲・情熱」を見つめたときに、自分が次にやるべきことが、見えてきます。

僕の体験をシェアしましょう。僕が社会人としてはじめて体験した職場は、営業会社でした。平成初期のお話です。営業成績が壁に張り出され、朝礼では、いつもきつい叱責が飛び交っていました。特につらかったのが、営業のための電話です。休憩なしに、名簿の頭から電話をかけていきます。

すでに見込み客は先輩がアプローチしているので、新人が任されるのは、反応が少ない方ばかり。ただでさえモチベーションが下がるのですが、なんと当時は、

**受話器を持つ手をガムテープでぐるぐる巻きにされて、半ば強制的に電話させられたこともありました。**

今では考えられませんよね。もちろん電話によるコミュニケーション自体は、素晴らしい手法だと思います。現実に電話でお客様の信頼を勝ち取っている先輩はたくさんいました。**しかし、僕は強く思いました。**

**「もう二度と『ぐるぐる巻き』は御免だ！」**

**そして、次のような希望を持つようになりました。**

**「こちらから伺うのではなく、お客様のほうから興味をもって問い合わせてきてくれないかな」**

それから数年後、2度目の独立のときに、この夢想は役に立ちました。大親友である本田健さんからのアイディアで、小冊子を作ることにしたのです。有料級の情報がつまった小冊子を無料で読んでいただくことで、僕と僕の講座に興味をもっていただきます。そして小冊子の巻末に掲載された連絡先に、お客様の方から問い合わせをして頂きました。つまり、小冊子にセールスパーソンになってもらったのです。このアイディアは、現在もオンラインを主体として継続しています。さらに、小冊子は本の礎《いしずえ》になり、「作家」望月俊孝が誕生しました。**すべては、自分が感じた理不尽さに対する憤《いきどお》りから始まったものでした。**

## チャレンジ・ワーク

あなたが、今感じている怒りや憤りは何でしょうか？　できれば、仕返ししたいくらいエネルギーがあることは何でしょうか？　そして、その対象の裏には、あなたのどんな期待や意欲があるでしょうか？　「本当はこうなってほしい」「本当はこうあるべきだ」というビジョンを見つめてみてください。そして、それを実現するために何ができるか考えてみましょう。

# イレギュラーな要望がビジネスを飛躍

以前、日本のなじみのホテルで、こんな経験をしたことがある。昼の11時にラウンジに行った。コーヒーとデザートのケーキを頼んだら、店員さんが妙な顔をなさる。そして、こう言った。「デザートは、11時30分からです」。ちょっと待ってな。もう準備はできているはずやろ？　**食べさせてくれてもええがな。**

後に、支配人と会ったとき、その話をした。そこで言われたのが、**「マニュアルになっているので……」**

また、こんなこともあった。東京の原宿に行ったときのことだ。

9月のことだった。ある中華料理店に入って、冷麺を頼んだ。

そうしたら、ダメだという。

「えっ、キッチンに材料はないの？」

店員さん、いわく「いいえ、ありますが、8月限定です」。**食べさせてくれてもええがな。**

まぁ、このときは作ってもらえたが。


もちろん、店員の兄さん・姉さんは真面目に仕事をしているだけだろう。でも、なんでも「マニュアル」で片付けるのはどうだろうか？　せっかく、足を運んでくれたお客様が求めているのだ。できるなら、考えてみてもええやろう？

アメリカで、アイスクリーム店を経営している友人がいる。店舗で誕生パーティをすると、アイスクリームでできた特大ケーキが出てきて、店員みんなで踊って祝福する。子どもに大人気のお店だ。

あるとき、パーティ中に子どもがこう言った。

「ボク、ピクルスが食べたい」

すると、マネージャーは「うちはアイスクリーム店だよ」と言って、断ったそうだ。

その話を聞いた友人は、マネージャーをクビにしたらしい。**「なんで隣のお店で買ってこないのだ」**と。

ただ、勘違いしてほしくないことがある。無理難題を言うクレーマーの言うことを聞く必要はない。**「お客様は神様、店員は下々」**なんてことは絶対ない。

以前、公衆の面前で、土下座を強要したクレーマー客の話を聞いたことがあるが、そんな客は追い出さんかい！

お客様はお客様。何かに困って、あなたを頼ってきたのだ。そう考えれば、臨機応変に助けてさしあげようと思えるのではないだろうか。

9

吉田潤喜
語録！

# 商売は、「ハート」と「ハート」の信頼関係。

## 【吉田潤喜からの学び】望月俊孝

組織が大きくなれば、効率を追求するための「マニュアル」は不可欠です。数多くの工場を経営し、多角事業を成功させた吉田会長も、その必要性は熟知されているはずです。

でも、マニュアルは常に更新するものでもあり、ビジネスは常に新しいことに挑戦する必要があります。そして、**そのきっかけをくれるのがお客様のちょっとした一言だったりします。**

僕の経験をシェアしましょう。2度目の起業をしたての頃、**「大阪でレイキの講座を開催してほしい」**という声を頂きました。依頼者は、僕の講演会の参加者でした。その講師プロフィールの中に「レイキ」の文字を見つけたのです。

東京在住の僕が少し迷っているとなんと、その方は8名の受講生を集めてくれると言います。もうやるしかありません。

レイキとは、日本発祥で世界中の約800万人の方が実践されるといわれる健康法・能力開発法です。僕の人生を変えたメソッドです。

とはいえ、現実として、指導者としての僕のキャリアはわずか3カ月程度であり、友人にマンツーマンでやる程度でした。

「まだ修行中の身で」と断ることもできました。でも、あえてチャレンジしてみたのです。

その結果、驚くべきことが起きました。

レイキ1・2・3・4の4段階に講座が分かれています。僕が依頼を受けたのは、前半のレイキ1・2だけでした。

しかし、講座が終わると受講した方々は喜びの中で、レイキ3以上の講座に次々と申し込まれていきました。中には、わずか2日間の交流だけで、指導者の道を志された方もいました。

それだけではありません。講座終了後、こんな声を頂いたのです。

**「望月さんは、他にも講座はやっていないのですか?」**


驚くべき瞬間でした。

なぜ、僕が1度目の起業に失敗したのか。**理由は、「買ってください」**が言えなかったからです。商品には確信がありました。

商品説明にも自信がありました。でも、いざお客様を決断に誘う最後の一言が、口から出てこないのです。

しかし、このときは、なんとお客様の方から「買わせてください」とお申し出いただいたのです!

「この姿勢でいこう!」。

まさに、自分が目指すビジネススタイルが見えた瞬間でした。

そして、この大阪の数日だけで、前年の年商を上回る報酬を頂くことができました。以後30年にわたり、ビジネスとしての「レイキ」を日本一普及したと自負できるのは、この大阪での数日があったからです。

いかがでしたか？　お客様のちょっとした要望にこたえて、いつもしていないことをすることは、ここまでビジネスを発展させる可能性があるのです。

## チャレンジ・ワーク

お客様の何気ない一言を注意深く、メモしてみましょう。また、お客様が気軽に要望を言いやすいような交流会・懇親会を企画してみましょう。僕は研修の後は、可能なかぎり交流会の時間を設けています。

# ビジネスも人生の一流の人間から学べ

「ビジネスはどこで学びましたか?」よく聞かれることだ。私はビジネススクールの出ではないし、影響を受けた本も思いつかない。結局、**一番学んだのは、「人」からだった。**

特に**一から創業した「オーナー社長」の教えは、強く印象に残り、心から学んで良かったと思えるものばかりだった。**「雇われ社長」とは、ビジネスにかける意気込み、厳しさが違う。背負うものが違うので、人間としての凄《すご》みにあふれている。「オーナー社長」から学ぶ大切さを最初に教えてくれたのは、京樽の田中博氏だ。

**「ぜひ、創業者のゴルフの仕方、コーヒーを飲んでいるときの会話、あいさつの仕方、ホテルのボーイさんへの声のかけ方、そうしたところを見てください」**

そうおっしゃる田中氏は、誰に対しても腰が低く、平等に接する方だった。公私にわたり大いにお世話になったが、恩着せがましいところが全《まった》くなかった。お辞儀をするときは、自分の腰まで頭を下げてくれる。私にとっては、人との接し方のお手本となった。

田中氏には、まだ小さかった頃のソース工場を視察していただいたことがある。

そのときにこうおっしゃった。

「衛生面だけは、もうちょっと気をつけたほうがいいよ。お客さんに迷惑がかかったら、大変だから」。

普段、温厚な方のストレートな言葉は重く響いた。以降、ヨシダソースは衛生面に改善を重ね、今日まで一件も、ソースに関する衛生上の問題を起こしていない。

他にもダイソーの矢野博丈社長、オタフクソースの佐々木尉文会長など多くのオーナー社長にお会いした。

正直、こうした一流のオーナー社長から、経営学を教わった記憶はない。一緒にいるときは、たいてい飲めや歌えやのバカ騒ぎだ。

**でも、そんな環境だからこそ、オーナー社長だけが持っている、人との接し方、ものの言い方、考え方など、「人間のプロ」としての在り方を学ぶことができたと言える。一流の人は、必ず人間としての温かみを持っていた。**

また、オーナー社長ではないが、穴澤彰氏にも多大な教えを受けた。食品商社「東食」、ニチイ専務、イトーヨーカドー常務などを歴任された日本の食品業界の超大物だった方だ。

１９８０年代半ば、私がソースビジネスを始めたばかりの頃、知遇を得た。穴澤氏は、異国で悪戦苦闘する私に手をさしのべてくれたのだ。

数年間、毎週のように、日本から有益な情報を送ってくれた。ビジネスのノウハウ、日本の食品業界の現状、政治・経済事情、あるいは健康のための特製の「お粥」のつくり方まで。メールなどない時代だ。丁寧なお手紙と新聞の切り取りの数々を私は「穴澤語録」としてファイリングして、学び、実践した。

穴澤氏の口ぐせは「人は財産」だったが、私にとって、穴澤氏の言葉の一つ一つが財産だった。

特に次の一文は忘れない。

**「貴兄が私の年齢になる頃には、ヨシダソースグループがアメリカを代表する企業になってもらいたいと願い、これからも手紙を送りたいと思います」**

さて、今のヨシダソースグループがその域にあるのかは、お客様の審判を待つ他ない。しかし、穴澤氏の言葉は今も心に響き続けている！

いくらＩＴ（情報技術）やＡＩ（人工知能）の時代になろうと、ビジネスの基本は、人間関係だ。人間関係については、ビジネススクールでは絶対に教えてくれない。

## 10

吉田潤喜語録！

どうせなるなら、
人間のプロになれ！
人間のプロフェッショナルこそが、
ビジネスを成長させるのだ。

## 【吉田潤喜からの学び】望月俊孝

人は赤ちゃんの頃から、周囲の大人を真似て、成長してきました。「学ぶ」は「真似《まね》ぶ」から来ています。素晴らしい人と時間を共にする経験は、本や動画では味わえない人生を変えるインパクトがあります。

吉田会長とのインタビューのひと時、そして講演を繰り返しお聞きし、YouTubeを繰り返し見ることで、同じ失敗を繰り返さないですみます。

偉大な先人が私たちに、良い点も学ぶべき点も人生で実証してくれているのです。吉田会長も「できるだけ多くの創業経営者に会え！」とアドバイスしてくれました。

**実際に、僕がお会いした大成功者は、常に学びを求め、「成長」と「貢献」に邁進されていました。特に思い出されるのが、日本一の個人投資家であった竹田製菓創業者である故竹田和平さんです。**僕は、理想の未来の姿を絵や写真で表現して、コルクボードに貼り、それを眺めながら、日々未来の自分と対話する「宝地図」メソッドをお伝えしてきました。和平さんもこの「宝地図」に大いに興味を示され、実際にお会いして、ご説明する機会を頂きました。当時の僕は、恐縮しましたね。なにしろ、日本一の大富豪・成功者に「夢実現」を語るのですから！

しかし、和平さんの学びへの志は深く、二度目にお会いしたときには、ご自身の夢である1万坪の施設を模した立体状の宝地図を見せていただきました。「ここまでされるのか！」と驚嘆したことを昨日のように思い出します。

では、どうすれば、こうした素晴らしい先達《せんだち》に出会えるのでしょうか？

人脈作りのテクニックはたくさんあります。**ただ誰もがすぐにできることは、憧れる存在に積極的に会いに行く、ということから始めてみましょう。**

これは誰でもできることです。しかし、ほとんどの人が実践できないのです。せいぜい10人のうちの1人くらいでしょう。

そして、さらに大切なのは、あえて、**「最大の失敗をもし挙げるとしたら何です**

**か？　そこからどんな教訓を得られたのですか？」**と問いかけてみてください。

そして、その後です。**良い話を聞いたり、気付きがあったときは、すぐに実践して、その結果をその憧れの人に報告するのです。**これはとても喜ばれることが多いです。少なくとも数ある人の中から目をかけてもらえる可能性が高まります。

その後も頻繁《ひんぱん》に会いに行き、学びと実践を深め、その成果をお伝えしていけば、気が付いたら、一緒に時間を過ごしてくれる可能性が高くなったり、チャンスに恵まれたり、その憧れの人の周りにいる実力者たちとつながることになるでしょう。

超一流の人に囲まれていったら、ビジネス・チャンスだけではなく、人間のプロフェッショナルにも近づいていけるようになります。

## チャレンジ・ワーク

もし、あなたが自分の分野での成功者に直接、触れ合える環境にある場合は、その人の振る舞いや考え方をよく観察してみましょう。

また、そういう環境になりにくい場合も、成功者の動画や本などで学び、実践し、目の前の課題を解決していきましょう！

# 事業に惚れすぎるな、意地を張るな、未練を持つな

1995年、私は新しい事業に乗り出した。**「スノーボード事業」**だ。ずいぶん、ソースから遠いと思われるだろう。しかし、私には、大きな自信があった。

きっかけは、オレゴン州経済開発局の依頼で、セーラムのあるスノーボードメーカーを視察したときのことだ。現地で待っていたのは、ガレージのような小さい工場と若い数人の従業員だった。いかにも、風采があがらん印象やった。しかし、ヒッピー風の社長の話をきいて、私は驚愕した。なんと、日本のメーカーと300万ドル（約4億5000万円）の取引をしたというのだ。「なんじゃこりゃ!?」

その後、本格的に調べてみると、色々見えてきた。スキーのメーカーに比べてあまりにも多い参入者、あるいは15％にのぼるディフェクト（欠陥商品）が発生する業界体質。一言でいえば、**「スノーボード事業」は、相当「ええ加減な」業界だったのだ。**

**「いけるやないか！」**。ソースの品質管理のように「きっちりした」モノを提供すれば、一気にシェアを取れるのではないか？　しかも、世界の購入者の半分が、日本からの注文だそうだ。私は、視察したメーカーを買収し、参入することを決めた。

私は、燃えに燃えていた。この新事業にパッション（情熱）があった。コンセプトは**「品質本位」。**ターゲットにするエコブーマー層（アメリカ合衆国において1980年代から1990年代に生まれた世代）は、手をかけた高額な本物を求めて、大量生産の安物は好まないと睨んでいた。

プロジェクトの滑《すべ》り出しは順調だった。空手の教え子のツテで、あの航空機大手ボーイング社の協力を得ることができた。そして、**飛行機の翼をつくる技術を使った、世界一軽く丈夫なボードが完成したのだ。**さらには、日本からいきなり3000台の受注をもらうことができた。しかし、振り返れば、ここがピーク、後に待つのは下り坂だった。

まず、事業開始の初夏に、**生産工場が全焼した。**もっとも、このときは、まだ本格的にボードは、作り出していなかった。私は下りた火災保険を注ぎ込み、なんとか1カ月後に、新工場で生産を再開した。

その後、しばらくはブームもあり、受注も順調だった。しかし、事業開始3年目、1997年から、スノーボード業界全体が軋みだしたのだ。最大の市場である日本では、長いデフレ時代に入り、「高価なもの」はとにかく売れなくなった。

我が社においても、同様だった。それでなくとも、プロジェクトには多額の経費がかかっていた。特にかかったのが、広報だ。本格的にブランド作りをはじめ、プロのスノーボーダーによる自社チームを作ったのだ。5人の若者ライダーに払った契約金は、なんと85万ドル（当時のレートで約1億1000万円）！　これ自体は、大いに話題になり、一時的に我が社のブランド「M3」は世界第5位になった。

しかし、赤字は一向におさまらなかった。競合他社はとっくに廃業するか、中国に生産拠点を移していた。しかし、私はどうしても、見切りがつけられなかった。**「いけるやないか！」と自分のひらめきを、どうしても信じたかった。でも、今ならわかる。単に意地になっていただけだったのだ。そして我を忘れてしまっていたのだ。**

そんな意地も、やがて終わりを迎える。

あるとき、日本の大口取引先にこう言われた。

「これ以上、値下げが難しいならば、中国で作ってほしい」

呑むしかない提案だった。しかし、いまさら周回遅れで、中国に進出しても、勝ち目はない。私はここで観念することにした。

もちろん、思いっきりやったことに後悔はない。**ただ一つ、「事業に惚れすぎて、我を忘れるな」という大きな教訓が残った。ほんま、ろくなことにならん。**

「パッション」と「惚れる」ことを混同してはいけない。

プロジェクトに惚れ込むのは、ある意味とても危険なことだ。事業に惚れると、感情ばかりが先走り、冷静な判断ができなくなってしまう。

スノーボードのビジネスは、惚れに惚れて大失恋した、苦くもあり、懐かしくもある思い出だ。しかし、これは私の人生で忘れられない教訓としてずっと生き続けている。

## 11

吉田潤喜
語録！

事業に惚れすぎるな。
意地を張るな。
未練を持つな。
「パッション」と
「惚れる」のは違う！
「パッション」を持ち、
冷静に判断し、行動せよ！

## 【吉田潤喜からの学び】望月俊孝

吉田会長の痛烈な経験談に、思い出すエピソードがあります。かつて、あのスティーブ・ジョブズに「パソコン以来の最も驚異的な発明だ」と言わしめた商品がありました。電動立ち乗り二輪車**「セグウェイ」**です。

しかし、開発者ディーン・ケーメンも、事業に惚れ込むあまり、大きなミスを犯してしまいました。**あまりにセグウェイに自信を持ちすぎて、スタッフやモニターからのフィードバックに、耳を貸さなくなっていたのです。**そのせいで、極めて当たり前な疑問が、野放しになっていたのです。

「どうやってロックをするのですか？」
「買い物で買ったものをどこに入れるのですか？」
「防水ではないし、壊れたときはどうするのですか？」

「5000ドル（約65万円）って高すぎませんか？」
「ゴルフ場で使うにも、すでにゴルフカートがあるでしょう？」
「郵便局の生産性向上に役立つといっても、誰が望んでいるんですか？」

このツケは売上に、そのまま、表れました。ケーメンは、発売1年以内で週1万点のペースで販売されると予測していました。しかし、蓋を開ければ、発売6年たっても、世界で売れたのはわずか3万台。**発売10年たっても一度も黒字化したことのない、世紀のダメ商品になってしまったのです（2020年に販売終了）**。

もちろん、何かをゼロから始めるには、大いなる興奮が欠かせません。最初の段階で、落ち着いていたら、何もできません。でも、商品である以上、お客様の需要と時代の流れには、逆らえないのです。**望まない結果を見せつけられたときに、それを受け入れて、方向転換ができるか？** 吉田会長の教訓を胸に、僕も「惚れ込まない」経営をしていこうと思います。

# 全身でリスクを取ってみろ

チャレンジ・ワーク

一時的に流行ったのに、最近は見ない商品やサービスは、何でしょうか？　興味のある商品を1つ選んで、その経緯を調べてみましょう。もし、自分がその会社の責任者だったら、どんな判断をしたか考えてみましょう。

**「将来、起業するために何を勉強したらよいですか？」**

よく聞かれる質問だ。

私はいつも戸惑う。「やりたいと思ったときに、やればええ」。起業なんてそんなものだ。まぁ、ここでは特別サービスで、起業のための学び方を教えよう。

まず、**「実際に商売して成功した人から教わりや」**、ということだ。

「自分でやっていないことなんて、教えられるの？」

普通はそう思うだろう。でも、日本では、商売一つしたことがない教授が、教鞭を執り、MBA（経営学修士）の本を書いている。それで、ほんまにええんか？

少なくとも、アメリカのビジネススクールでは、本当に成功した経営者が多く登壇している。しかも、たいてい、彼らは無給のボランティアだ。生徒と一緒にベンチャーを立ち上げてしまうのも、よくあることだ。

逆に、学ばん方がええ科目もある。何やと思う？

答えは…**「リスクマネジメント」**、過去の失敗の統計から、リスクを事前に割り出し、予防するという科目だ。あほか。過去の損得のデータをいくら頭に入れても、実際に何が起きるかなんてわかりっこない。だいたい、事前に予防できるようなものの、どこがリスクや。

**「リスクは、マネジメント（管理）できない」**

これが、私の結論だ。

アメリカで成功した起業家の5つの特性という話がある。

①好奇心
②柔軟性
③楽観性
④持続性
⑤冒険心

この中で、私が一番大切に思うのは、**「冒険心」**だ。これがなければ、何もはじまらない。リスクを考えていては、冒険はできない。

結局、**リスクは「取る」しかない。損も、失敗も、かぶるしかない。**でも、その覚悟があるからこそ、一歩踏み出せるし、その果てに成功をつかむこともできる。

**やりたければ、やれ。**

**当たって砕けろ。**

**目指すもののストーカーになり、追い続けろ。**

**蝶々のように動き回れ。**

事業を始める心得なんて、まずはこれくらいでいい。

## 12

吉田潤喜
語録！

# リスクを考えたら、冒険はできない。やりたければやれ、追い続けろ！

諸仏不動智

## 【吉田潤喜からの学び】望月俊孝

人間は、「損をしたくない」生き物です。遠い未来に、たくさんの報酬が待っていても、近くに危険があれば、旅立つことをためらいます。そして、何もしない人生を送ってしまうのです。

そんな人生を避けるためには、**一度、全身でリスクを取る体験をしてみることです。**「冒険心」に身を任せることです。

僕の経験をシェアしましょう。今から30年以上前のことです。尊敬する心理学の先生から、初の講師認定講座のお誘いを受けました。しかし、その参加条件は、あまりにリスキーでした。

①開催地は国内ではなく、**アメリカのハワイ**。相当な渡航費と宿泊費（ホテル代）がかかります。

②**講座の開催日数は、なんと【66日間】！** しかも隔月で22日間を3クール行うとのことです。当然行くたびに往復の渡航費がかかります。しかも中途半端に長期休暇を繰り返すことになるので、**今の会社を辞める必要があります。**

③当然、受講料は日本ではありえない【**超高額**】でした。

④さらに日本人向けのツアーなどありません。僕自身で講座中の通訳を探す必要があります。通訳者も単に英語ができるだけでなく、メンターの理論を理解できる専門家である必要があります。通訳者の通訳報酬はもちろん滞在中のホテル代や渡航費も私持ちです。**その見積もりは受講料も入れると【総額約400万円】！**

⑤しかも今回が初開催です。実績も内容の保証も一切ありません。

おまけに、その時の僕は、独立と不動産投資の失敗で**5000万円の借金がありました。**リスクマネジメント以前のお話かもしれません。

でも、僕は、あえてこの途方もないリスクを取ることにしました。この心理学は日本に必要であり、その第一人者になることに、大きな価値を感じたからです。

すると、途端に、いろいろなアイディアが湧いてきました。

たとえば、以前、退職した会社に営業に行き、自分がこれから勉強する心理学の定期講座の契約をとりつけることができました。あるいは、現地でドルフィンツアーを主催し、好評を博することができました。いずれも、リスクを取る以前は、浮かびもしなかったアイディアです。**リスクを全身で取ると、必ずそれを乗り越える知恵が湧いてくるのです。**

とはいえ、やはりリスクを取るのは怖いものですよね。**そこで第1歩として、おすすめなのが、「自分のやりたいことを身近な人に語る」というものです。**事実、僕が踏み出した1歩目は、留学のことを妻に打ち明けたことでした。幸い、妻は快諾をしてくれたばかりか、「自分も一緒に行く」と言ってくれたのです。この一言が大いなる勇気となり、あらゆる行動に挑戦でき、留学を成功させることができました。自分の夢を表に出して語ることも、立派なリスクテイクなのです。

### チャレンジ・ワーク

あなたがやってみたいけれど、怖いことは何でしょうか？　まずは、そのやってみたい夢を、身近な10人に語ってみましょう。必ず、応援してくれる人や参考になる情報・経験を持っている人がいるはずです。そんな方々の期待に後押しされて、気づけばどんどんリスクを取れるようになれるでしょう。

# 三、

# 沈みグセを知る

# まずは自分を売ろう

「商品が売れません」「そもそも商品がありません」よく聞く相談だ。でも、心配はいらない。**まずは、「あなた自身」を売ればいい。私はこれを「人儲け」と呼んでいる。**対面して、お互い心が通じ合い、相手に「この人、ええなぁ。この後も会いたいなぁ」と思ってもらえれば、それが商談成立の鍵になる。

コストコで実演販売していた昔から、世界14ヵ国でソースを販売している現在まで、私はこの姿勢を変えていない。だから、「いい出会いだったなぁ」と思えたときは、決まって相手は最高のお客様になってくれる。

たとえば、ドン・キホーテの安田隆夫社長の例をあげよう。

もともと昵懇《じっこん》だった大原副社長の紹介で、ともにランチをする機会を頂いた。お会いして驚いた。私は右眼が見えないが、安田社長は左眼が見えない。「私たちが重なったら、両眼が見えますね。でも反対に重なったら…」など、なんともアホな会話で盛り上がった。冗談ばかりで、ビジネスの話なんて一瞬もなかった。

さて、ランチがお開きになるときに、急に安田社長が大原副社長に声をかけた。

「大原君、うちにヨシダ・グルメソースを置いているのか?」

「いえ、置いていないです。長崎屋を買収したお店にはありますが」

「それは失礼だな」

**それから2週間後、ドン・キホーテ全店にヨシダ・グルメソースが置かれることになった。**

なぜ、ソースを売り込んでいないのに、ソースを置いてくれたのか。それは、**安田社長**

**が「私」という商品を見てくれたからだ。**逆に、下手に打算が働いて、楽しい席で売り込みなんぞ始めたら、「この程度の男か」と幻滅されただろう。

さて、後に、安田社長は「会長」になり、大原副社長が「社長」に昇格された。

その大原社長から、私に、ドン・キホーテUSAの最高顧問になってくれという依頼がきた。どうやら、アメリカ進出を真剣に考えているらしい。もちろん役員手当もくれるという。しかし、私はお断りした。

でっかい夢を持ってやりたいと言っている人は無条件で助けたい性分なのだ。そのため、会社の顧問を依頼された場合でも、報酬は頂いていない。

私は、株式公開後に大原社長がOKな範囲で株をもらう条件で、引き受けた。顧問就任後は、できることは可能な限りやった。サンフランシスコの物件を一緒に見に行ったこともあったし、ハワイでの会議にはよく参加した。

すると、いつのまにか、**ドン・キホーテ全店に、ヨシダ・グルメソースと湖池屋さんのコラボ作品であるポテトチップスを置いてくれた。キャッチーなテーマソング付きだ。さ**

**らに、ポテトチップスの商標権を大原社長の一存で、いただけることになった。**役員手当がない代わりだという。

次の例をあげよう。

「フレッドマイヤー」というアメリカの大手スーパーマーケット・チェーンがある。以前、そのオーナーであるバーブ・ミラー氏と共に、チャリティゴルフで回ったことがある。普通に考えれば、ヨシダ・グルメソースを売り込むチャンスに思えるかもしれない。

でも、それは粋やない。私は、仕事を忘れて、楽しむことにした。気づけば、4ホールを回る頃には、「バーブ」「ジュンキ」と呼び合う仲になった。18ホールが終わったあとのバーベキューパーティは、大いに盛り上がり、共に仕事の話は一切せずに別れた。しかしその2週間後、突然、こんな連絡がきた。**「フレッドマイヤー全店で、ヨシダ・グルメソースを取り扱うことになりました」**なんて粋な心意気なんやろう。

**人儲けのコツは、「オープンハート」に尽きる。**「いつでも、入っておいでや」と自分から心を開いて、一緒に遊び、楽しむ。求められたら、できるかぎり力を尽くす。すると、相手のほうも「この人のために何でもしたい！」「どうすれば役に立てるだろう」という気になってくれる。お金儲けの前に「人儲け」や。

人儲けは、単なる私利私欲・損得勘定による「人脈術」「ネットワーク作り」とは違う。「いかに自分のメリットになるつながりを作るか」ではなく、「いかに相手があなたを好きになり、つながりたくなるか」が大切だ。

なお、**「人儲け」の姿勢は、人生全般に役立つことも伝えたい。**水産ビジネスに進出していた時のことだ。ミル貝の採掘の紛争処理を巡って、ワシントン州政府に損害賠償請求をしたことがある。アメリカの裁判は陪審制だ。陪審員に「いかに自分が模範的アメリカ市民か」を伝える必要がある。特に私は東洋人だ。陪審員の中には、潜在的な人種差別主義者がいるとも限らない。そこで、私は陪審員に対して「人儲け」を試みた。**必ず妻のリンダと共に出廷して、ソースの実演販売のように、自分の模範的市民ぶりをユーモアたっぷりに陪審員にスピーチしたのだ。**おかげで、法廷は大爆笑の渦だった。結果として、陪審員の多くは味方になり、無事、勝訴することができた。

## 13

吉田潤喜
語録！

# 人生は金儲けやない、人儲けや！

## 【吉田潤喜からの学び】望月俊孝

「人儲け」は、吉田会長のビジネス人生の代名詞です。

人は「理性」ではなく、「感情」で買い物をします。たしかに、商品の良さは、買った後で実際に使わないとわかりませんよね。

**買う前にわかることは、ただ一つ、その商品を薦める人のキャラクターだけです。**

「感じが良い人」であれば、その人が薦める商品も良いものに見えます。

この点、面白い研究があります。

「最後通牒ゲーム」というゲーム型の実験があります。2人一組になり、お金の分配交渉をするというものです。ペアの一方のAさんは、分配額を決めて、提案することができます。もう一方のBさんは、それを「受け入れる」ことも「拒否する」ことも可能です。ただし、もしBさんが拒否した場合は、AさんBさんとも、どちらも一切分配金はもらえません。

このゲームをすると、面白いことが起きます。**少しでもAさんが自分に有利な分配額を提案すると、Bさんはとたんに拒否権を発動して、無にしてしまうのです。**人間は、「ずるい」と感じると自分が損をしても、不公平に抵抗する性質があります。

さて、面白いのはここからです。アル・ロスという研究者は、**ゲーム前に参加者同士で、直接対面して、おしゃべりをしてもらいました。**会話の内容は、ゲームと無関係のものでOKです。すると、興味深い現象が起きました。分配額を提案するAさん側においては、公平な額を提案する確率が、平均83%に上がったのです。他方、ジャッジするBさん側の拒否する確率は、平均5%まで下がったのです。

このように、僕たち人間は、親密になった人からの提案は、無下にはできません。

だからこそ、**「売り手と買い手」の関係に入る前に、1対1の人間として、心を通**

**わせることが望ましい**のです。

そのときに大切なことは、あなたの方から心を開き、接触していくことです。もちろん、いきなり遊びに誘うのは難しいでしょう。しかし、何か役立ちそうな情報などをプレゼントすることは、ハードルは高くないでしょう。僕も10年以上、毎日メールマガジンなどで、お客様の成長につながりそうな情報をシェアしています。すると、いつのまにか、僕の考えに共感が生まれ、商品の提案を喜んで受け入れてくれる方が増えて、今の発展があります。

**チャレンジ・ワーク**

お客様に「どう売るか?」の前に、「どう関係を作るか」を考えてみましょう。無料のSNSで有益な情報をシェアする。交流会やお茶会などを開催して、お客様と直接触れ合う機会を作る。まずは、リスクの少ない方法から試してみましょう。

# 家族があってこその人生

**「最重要事項を最優先にする」**

シンプルだけに、それができずに右往左往している人がほとんどだ。

あなたの人生の最優先事項は、何だろうか？

仕事？　お金？　名誉？　研究？　まぁ、それもええやろう。

だけど、私は違う。

**私の最優先事項は「家族」だ。**

**家族なしでは、仕事をする気にもならず、社会に対する貢献・恩返しをしようとする気にもなれない。**そんな大切な家族について、話してみようか。

私の家族は、妻のリンダと長女のクリスティーナ、次女のエリカ、三女のアマンダ。さらには可愛い孫も2人いる。

妻のリンダ・マクファレンとの出会いは、渡米2年目、ハイライン・コミュニティカレッジに通っていた頃だ。私が主催したパーティの参加者だった。そのまぶしい笑顔に、ひと目惚れをしてしまった。そうなったら、いてもたってもいられない。

**なんと、出会って2週間目で、プロポーズをしてしまった。思い詰めた私は、自分の手の平に、火のついたタバコを押し付けて、求婚した。**

**「君がプロポーズに、〝YES〟というまで、ずっとこのままでいる！」**

純粋な18歳の頃のリンダは、慌てて〝YES〟と言ってくれた。いわゆる「根性焼き」でプロポーズした男なんて、世界広しと言えど、私くらいなものだろう。だが、そうするしかなかった。リンダの周囲は、みんな、私との交際に反対していたからだ。中でも最大の反対者は、リンダの父ブーマーだった。はじめて会ったとき、馴れ馴れしく「ダッド（お父さん)」と呼んで、不興を買ってしまったことが原因だ。その後、なんと結婚式直前まで、リンダに、私との結婚をあきらめるならば、当時大人気だった日産のスポーツカー「フェアレディZ」を買ってやる、と説得し続けていたそうだ。

だからと言ってはなんだが、**今でも、私はリンダへの〝I love you〟の言葉を欠かさない(そうでないと、リンダから怒られることもあるが)。「潤喜さんのところは、今でもラブラブですね」と冷やかされるほどだ。**

そして、仕事で起こった良いことも悪いことも、すべて話している。どんなときでも彼女は、ヒステリックにならず、一緒に解決策を考えてくれる。だから、ずっと仲が良い。

もう一つ、あなたにシェアしたい物語がある。結婚1年目の1974年1月、待望の長女・クリスティーナ(ミドルネームは「アイコ」)が誕生した。私たち夫婦は喜びにあふれていた。ただし、気がかりがあった。リンダの産後の肥立ちが悪かったのだ。そのため退院後に、ホームドクターに相談をした。その折に、ふと産まれたばかりのクリスティーナ

の話になった。ミルクを飲むとすぐに吐いてしまい、ずっと泣いている状態だ。ドクターは問うた。「それで肌の色はどうなんだ?」私は答えた。「黄色でしょうか…」ドクターの顔色が変わり、一刻もはやく子ども病院に行くように言われた。

シアトル子ども病院で診断をしてもらったところ、黄疸《おうだん》が出ていることがわかった。白人にはめったにない症状だった。**しかも、命が助かるかどうかも、五分五分だと言う。**喜びから一転、絶望の底に突き落とされたのだ。

もはや、神に祈るしかなかった。私たち夫婦は、病院の礼拝堂で必死に神様に訴えた。「どうか、クリスティーナをお助けください。娘を助けていただけるなら、私の命など差し上げても構いません」

自分はどうなってもいい。はじめて心から神様に向かい合った瞬間だった。

私は、祖父の代からのクリスチャン家系で、日本にいた頃は、毎週教会に通っていた。しかし、アメリカに来てからは、忙しさにかまけて、サボり続けてきた。また、夫としての自覚にも欠けていた。リンダの妊娠がわかってからも、特に気にかけることもなく、週末の夜は友達を誘ってポーカーゲームに興じていた。つくづく、自分が身勝手なもんだと思った。でも、神様は寛大だった。私たちの願いを聞き入れてくれて、クリスティーナは次第に快方に向かっていった。

しかし、問題はここからだった。入院してから5日間、5人の専門医が24時間体制で付き添ってくれたのだ。治療費は相当なものだろう。保険に入っていない私たちでは、数万ドル（数百万円）という払えない額が請求される恐れがあった。しかし、退院の日、請求書に書いてあった金額は「250ドル」だった。日本円にすれば、わずか数万円。恐れていた額よりも、ゼロが2つほど少ない。信じられない私は、受付の方に確認した。

「あの…この金額に間違いはないでしょうか？」

受付の方は言った。

**「ご心配なく、そこに書いてある通りです。それよりも娘さんが助かって何よりですね」**

**私は、涙が止まらなかった。「ありがとうございます。いつか必ず、お返しをさせていただきます…」この言葉を嘘にしてはいけない。必ず将来、絶対に成功して、今回支払った額の何倍も何十倍も病院に恩返しをするのだ。**

それまでの私の原動力は「仕返し」だった。「こんちきしょー！　今に見とれ！」。そんな負けん気が4歳で片眼を失明した私を喧嘩や空手に向かわせ、アメリカの地に導いてくれた。

そこから、極貧と人種差別を乗り越え、事業で名を成すことができた。**ともすれば、破滅に向かいがちなネガティブ感情を、人生を前進させる力に変えてきたのだ。私はこれを「ポジティブ・リベンジ」と呼んでいる。**

**「受けた恩をでっかく返す」ことだ。それが今の原動力になっている。**

だから、事業が軌道に乗ったあとは、お世話になったシアトル子ども病院と姉妹関係にあるポートランドのドウエンベッカー子ども病院の理事を務めさせてもらった。**さらに、2019年12月には、20年間住んだ自宅をランドル子ども病院に寄付した。**ポートランド外にある、敷地面積2万5000坪という広大な家だった（望月註：東京ドームのグラウンドが4000坪、東京ドーム全体が1万5000坪と言われていますので、その広大さが想像できますね）。ランドル子ども病院は難病の子どもや、保険を持っていない不法移民の子どもたちを積極的に受け入れている。寄付した自宅には、ゲストハウスが5棟あるから、ガンと闘う子ども達が遊びに来たり、普段ご苦労されている看護師さんのリトリートに使ってくれたら、嬉しい。寄付に際しては、妻のリンダも3人の娘も大賛成してくれた。3人の娘は、それぞれNPOで活動しており、チャリティに深い理解があった。

そして、リンダは、破産しかけたり、自暴自棄になりかけたときも、「いつでも、結婚した頃の何もなかったパート暮らしに戻れるから大丈夫」と言ってくれた。

なお、クリスティーナを含め3人の娘は、ずっと健康だ。そのことに感謝して、恩返しとして、「ガンの子どもを守る会」のためにチャリティ講演もしている。私にとっては、こんな家族と過ごす日々が、何よりの財産だ。

『ポジティブ・リベンジ』それは、受けた恩をでっかく返すことなんだ！

そのことを家族も社員も仲間もわかってくれている。私は幸せものだ！

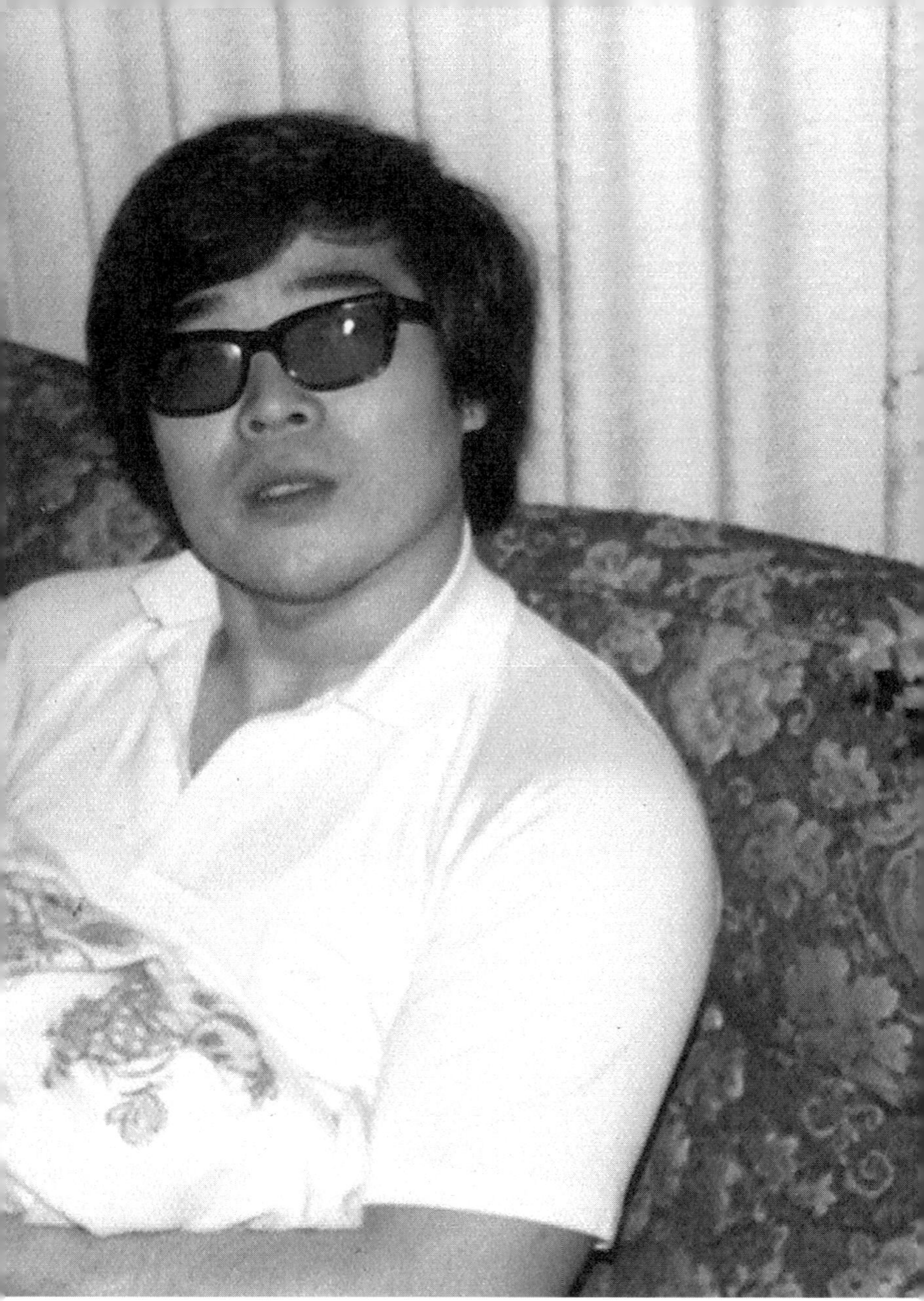

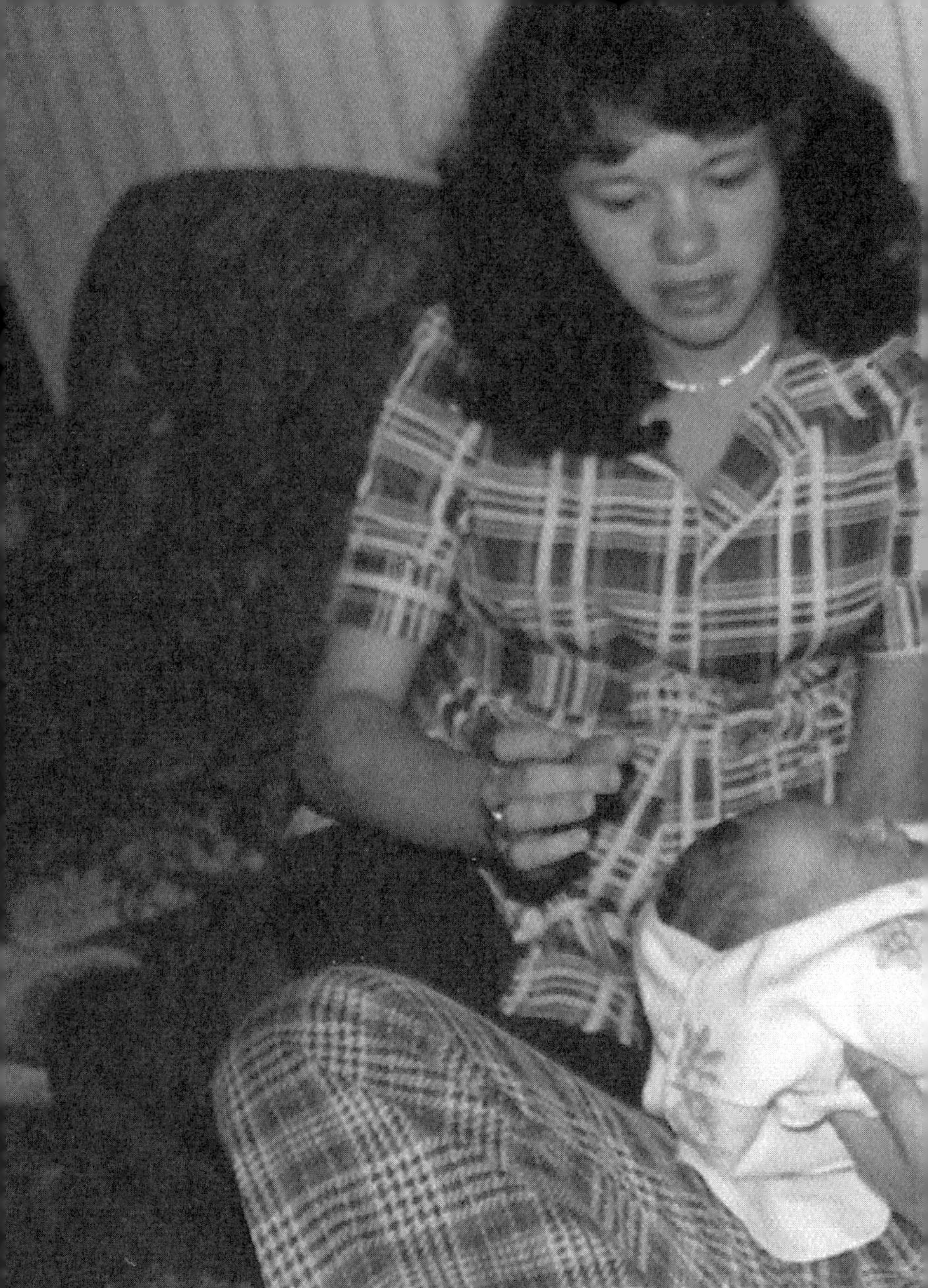

## 14
吉田潤喜
語録！

私にとっては、
家族があっての人生であり、
家族があっての成功であり、
家族があるからこその幸せだ。
『ポジティブ・リベンジ』
それは、娘を救ってくれた恩を
でっかく返すことから
始まった！

## 【吉田潤喜からの学び】望月俊孝

**「新しい命の誕生が、自分の働き方・生き方を180度変えてくれる」**

実は、僕にも体験があります。

30年前、僕は約6000万円の借金を抱えていました。無謀な起業と不動産投資の失敗が原因で、返済のために再びサラリーマンとして働くことになりました。

そんな中、結婚4年目の妻が妊娠しました。しかし、**切迫流産のため、生まれた息子は集中治療室に運ばれ、2ヵ月も保育器で過ごすことになりました。**僕ら夫婦が、我が子に会えるのは、一日1時間だけ。切迫流産の原因は、僕にありました。

妻を幸せにしたいがためにしてきたすべてが、実は、強烈なストレスになっていたのです。

僕は深く悔やみ、誓いました。

**「大切なものを大切にできない生き方は、やめよう」**

そして、少しでも家族と時間を過ごすために、**育児休暇を申請しました。**

１９９０年当時の日本では、男性が育児休暇を取ることは非常に稀でした。しかし、勇気を持って社長に伝えた結果、２ヵ月の育児休暇を取得できました。

この期間、僕は生まれたばかりの子どもとスキンシップを取り、「本当に大切にしたいものを大切にする」ことを体験しました。毎日、心から喜びを感じられるようになりました。しかし、復職した際には元のポジションがなく、代理をした部下がそのまま続投することになりました。**実質的な解雇通告でした。**

**「借金６０００万円を抱え、会社をクビになる。しかも、育児中の妻を抱えている」**

そんな絶望的な状況に直面しました。しかし、不思議と落ち込むことはありませんでした。僕は再度起業し、本当に大切な家族とお客様のために、本当に価値のある商品を提供することに注力しました。

「本当に大切にしたいものを大切にする」

選択を続けたことで、信じられないエネルギーと情熱が湧いてきました。どんな困難にも前向きに取り組むことができ、結果、再独立後1年で6000万円の借金を完済することができました！

**それ以来、僕は30年間「大切なものを大切にする」選択を貫き、毎年成長を重ねてきました。そして、未熟児で生まれた息子も今では立派に育ち、僕の会社を引き継いでいます。**

今思えば、育児休暇を申請したあの瞬間は、自分の第2の誕生日でした。授かった命の使い道が見えた日でした。だからこそ、それまでの黒星人生とは真逆の白星人生を自然に歩めるようになったのです。

## チャレンジ・ワーク

あなたの家族や大切な人、愛している人のことを思い出しましょう。その人たちがいる（いた）ことで、どれだけ自分の人生が変わったか、どんな幸せをもたらしてくれたか、を思い出してみましょう。もしご両親が生きていたら、あなたを愛してくれている人がいたら、あなたが生まれていかに人生が変わったか、どんな幸せや喜びがもたらされたかを聞いてみましょう。

# 自分の沈みグセを知ろう

以前の私の本に、こんな宣伝文句があった。

**「マイナスから何度も這い上がるエンドレス・サクセス・ストーリー」**

かっこええやろ？　でも、実際は、マイナスになった原因は、100％、私にあった。

それが**「見栄」**だ。いかに私が見栄に振りまわされ、そのたびに人に助けられてきたか、かっこ悪い話を語ってみよう。

最初の転落は、1984年、起業して2年目のことだった。売上は順調であり、そろそろ空手道場の1階では手狭になってきた。運良く、倒産したソーダ工場を建物ごと借りることができた。夜逃げ同然だったようで、3万5000本近いビンを残してくれたのも、有り難かった。新工場に移転すると、急激に経費は増えていった。ビン詰めの機械も導入したし、8名の工場スタッフを雇うことになった。さらには、スーパーの実演販売についても、人材派遣会社に応援を頼むことになった。

問題は、ここからだ。私は見栄をはって、なんと地元のラジオでコマーシャルを流した。放映料は、30秒のCMが1日3、4回流れるだけで、2000ドル（30万円）、ソースを600本売らないと、元が取れない価格である。

さらに私は、**夢だったメルセデス・ベンツまで買ってしまった。**私にとっては、成功のシンボルだ。あと、世界最初の携帯電話なるものも買った。通話料が高すぎて、使いもしなかったが。

まぁ、こんなことは長く続かない。危機が襲ってきたのは、起業4年目、1986年からだった。どんなにソースを売っても、売上を出費が追い越してしまうのだ。

ベンツはおろか妻にプレゼントしたクルマも売却することになってしまった。さらには、娘クリスティーナも経済的理由で転校する羽目になった。私はいたたまれずに、家族と団らんをする気にもなれず、酒で気を紛《まぎ》らわせるようになった。

ある夜、深酒をして帰った私に、リンダはこんな言葉をかけてくれた。

**「ジュンキ、元気を出してよ。困っているなら、家だって売って構わないのだから。私、明日にだって、アパートを探しにいってもいいのよ」**。

本来であれば、泣きわめいても、叱責されてもおかしくない。

でも、リンダの言葉にその雰囲気は全くなかった。ただ、真摯に私を元気づけてくれて、あろうことか、ウイスキーのボトルまで差し出してくれた。あの一言がなければ、私はビジネスをあきらめていたに違いない。

驚くべきことが起きたのは、その後だ。

リンダの父であるブーマーから呼び出しがあったのだ。悪い予感がした。「娘を返せ」と言われても仕方がない。私は、不安に苛まれながら、義父が住むワシントン州フッドカナルに赴いた。しかし、対面した義父はとても穏やかな表情をして、目の前に何かを置いた。それは、**小切手だった。**

**書かれた金額は、16万ドル（2400万円）。とてつもない金額だ。**義父は言った。

「実は金に余裕ができてな、ぜひ息子であるオマエに使ってもらいたいんだ」。

聞けば、技術者として30年間勤務先に積み立てた退職金を途中解約してくれたのだという。いくら娘の夫とはいえ、自分の会社員人生をかけて作った全財産を託すなど、ありえないことだ。途中解約による税金も安くない。私は戸惑いながらも、それを受け取った。

そして、強く誓った。

**「このお金を返せなければ、この人の人生をメチャクチャにしてしまう。何があっても返す！」**

ちなみに、面と向かって互いに、「マイダッド（お父さん）」「マイサン（息子よ）」と呼び合ったのは、このときがはじめてだった。

私はこの16万ドルで、事業をなんとか立て直すことができた。さらに、より安定した財務体制を築くために、航空貨物輸送、水産ビジネスなどの多角事業に乗り出すようになった。その流れで、1990年から着手したのが、**「ゴルフ場＋住宅街」の開発事業**だ。もともと、実業家の道を歩みだした頃からの憧れだった。それが40歳を少し過ぎたばかりで現実化しそうなのだ。

ソース事業もうまくいき、バブルにわく日本のビジネス仲間から投資も受けられて、資金は潤沢に思えた。さらに、ポートランドで良い土地を見つけ、買収した。その広さ32万5000坪。しかし、その後が苦難の連続だった。

「ゴルフ場なんて、庭みたいに、芝を植えればええんやろ」程度の認識だった私は、現実に打ちのめされる。

まずは許可を取ることが大変だった。

開発地の生態系への影響をきちんと調べる必要があった。さらに輪をかけて大変なのが、開発作業だ。場所によっては、1メートルも土を掘り起こさなければならない。顔を出した粘土層をゴルフ場に合った形に直し、そこに再び土を戻して、芝生を植えていく。掘り起こせば当然、地盤は弱くなる。**一度、雨が降れば、上の土がすべて流されてしまい、やり直しだ。**私は雨が降るたびに、1人で土嚢を積んで回った。雨が降るたびに工期が延びて、経費が膨れ上がっていく。さらに悪いことに、日本のバブルが崩壊し、パートナーがどんどん下りていってしまった。

本来であれば、ここで手を引くべきだろう。でも、できなかったのは、見栄のためだ。私はあろうことか、ソースのビジネスの利益をゴルフ場開発につぎ込んでしまったのだ。こんなことが銀行にバレたら大変だ。毎日が、恐ろしいプレッシャーとの闘いだった。雨が降りそうな前夜は、**「いっそのこと、死んだら楽になんのになあ…」**という考えが頭をよぎる。

家にあった拳銃をデスクの引き出しから取り出し、こめかみに突きつけた。

5秒・10秒・20秒…。

しかし、引き金を引くのをやめた。

「なんで、わしが死ななあかんのか」

「もしかして、すごいアホなことで悩んどるんちゃうか?」と白けてしまった。

ただこのときも、**どん底のどん底で、救世主があらわれた。**資金ショート寸前の1991年末に、日本のある大手食品メーカーのオーナー経営者が、ゴルフ場を買い取ってくれたのだ。売値は、投資額の半分だったが、少なくとも開発地の維持管理のコストは今後一切不要になる。私は大いに安堵した。

以後、さすがに反省した私は、見栄のコントロールにつとめることにした。だから、どれだけ儲かっても、高級スーツも、高級時計も持っていない。**クルマは「プリウス」や。**たまに、ベンツに乗って銀座で遊ぶ社長の話を聞くと、「ほどほどにせいよ」と思う。そうしていると、周囲には、見栄を張らない仲間だけが残っている。

## 15

吉田潤喜
語録！

人として一番大事なのは、
「見栄」を
コントロールすること！
「見栄」とは無縁な生活に
憧れよ！

## 【吉田潤喜からの学び】望月俊孝

「勝ちに不思議の勝ちあり　負けに不思議の負けなし」

プロ野球の名将だった故野村克也監督がよく言っていた言葉です。たまたま負けたというときでも、なにかしら自分に原因があるものです。特に、大きいのが「考え方」です。

**吉田会長が素晴らしいのは、浮き沈みの大きな人生を俯瞰されて、沈むときに共通している自分の癖（いわば「沈みグセ」）をしっかり把握されている点です。**

僕の場合も、思い当たる「沈みグセ」があります。2000年初頭、当時手掛けていた「レイキ」の事業が非常にうまくいっていました。後進の育成もすすみ、「自分の人生はこのまま安泰だろうな」と安心していました。そんな折に、作家・本田健さんからこんなことを言われました。

「トシ（望月のこと）、たしかにレイキは本当に素晴らしいものだし、トシは全力で生きてきたと思う」**「でも、トシはレイキを広めることだけで一生を終える人じゃない気がするんだ」**。その言葉がきっかけで、僕は新しいことに挑戦しようと考え、夢実現法「宝地図」を本格的にスタートさせました。

後に**「小成功病」**という言葉を知ります。松下政経塾の寮長だった上甲晃さんの言葉です。

「吉本の芸人の大半は、駆け出しの頃は、お笑いだけでは生活ができません。だからいくつも掛け持ちでアルバイトをし、頭をさげ、芸の肥やしと言っては下積み生活に耐えていく。ところがちょっと売れると、誰も見向きもしなかったのが、途端に道頓堀で声をかけられる、サインを求められる、2ショットを求められる…今までが今までだけに、一気に成功者の気分になり、それだけで満足してしまう。

アルバイトの合間を見て、深夜や早朝に公園でネタ合わせをしていたのが、それらもそこそこにしてしまう。その結果、そこで人気も、芸も打ち止め、あとは没落を待つだけ……、こういうのを『小成功病』と言うのです」との話でした。

**まさに当時の僕は、小成功病患者の一人でした。**どん底から這い上がってきた自信が仇《あだ》になり、それ以上の成長を望んでいなかったのです。もし、健さんの一言がなければ、その後の環境の変化に耐えられず、今日の望月はいなかったでしょう。

その後も、うまくいき、「もうこれでいいや」と思った途端に、思わぬアクシデントに見舞われたことがよくありました。

そのたびに、**「あっ、今の自分は『小成功病』に陥っているのかもしれないな……。もっとチャレンジしよう！」**と考えるようにしています。思考の癖は、人生のポイント、ポイントをチェックするだけでなく、流れを見ていくと、見えてくるでしょう。

## チャレンジ・ワーク

あなたの人生の浮き沈みを俯瞰《ふかん》してみましょう。特に沈む前に、共通して起きていたことや考えていたことは何ですか？　さらには、そこから浮き上がるときに、どんな助けがあったかも思い出してみましょう。

# 自分の「弱さ」を認めて、助けてもらおう

**「自分の弱さとは何か？」**。これも追求しているテーマだ。

「強さ」ではない「弱さ」だ。自分の強みや得意分野は、誰だって知りたいだろう。でも、

大切なのは、あまり見たくない「弱さ」や。

これを痛感したのは、空手の選手時代だ。私の得意技の一つに、右足の蹴りがあった。この蹴りから、左手の逆突きへのコンビネーションが、十八番だった。とにかく、右足の蹴りばかりを稽古した。得意を伸ばすことに疑いはなかった。しかし、酷使した結果、右膝を2度も手術することになり、ついには使い物にならなくなった。私は、そのとき、本当に後悔した。

「なんで左足の蹴りも稽古しなかったんや…」

人間には、永遠の上り坂なんてあらへん。必ず壁にぶち当たる。そのときに備えて、自分の弱点を知り、克服しておく必要がある。

では、あなたの弱点は何だろうか?

**手始めに、「性格」から見ていくのが良いと思う。**

私の性格といったら、まぁ、やっかいなものだ。普段は、寂しがり屋で臆病者だ。それもハンパなもんやない。恥を忍んでいうと、一人で外食ができないし、一人で海外に泊まるときは、寂しさのあまり、家族や社員についつい電話してしまう。この年になっても、子どもの頃と変わらず、お化けも怖い。でも、こんな私も、ビジネスになると豹変する。どれほど反対されても、信じた道を突っ走ってしまう。自分でサイコロを振って、勝負をかけたくなるのだ。「起業家」向きではあるだろう。でも、「経営者」にはあまり向いていない性格といえる。

**それでも、ここまで会社を広げてこれたのは、私の「弱さ」をカバーしてくれる有能な人財が周りにいたからだ。**

空手師範の時代からそうだった。現在もあるビーバートンの道場の取得にも、素晴らしい生徒たちの協力があった。不動産屋をしている生徒が、元市庁舎という好条件な物件を探してきてくれた。また、裁判官をしている生徒の協力で、最低でも3、4ヵ月かかるローン申請を1週間で通してくれた。さらには、道場の2階の増築工事も、大工をしている生徒が中心となってやってくれたのだ。

ヨシダグループでも、本当に多くの社員に支えられてきた。ここでは、グループ社長だった故マット・ガスリーをあげたい。彼は、会長である私に次ぐナンバー2の立場にあった人物だ。前職では、取引があったコンピュータ関連会社に18年間勤め、役員の地位にあった。異業種からのスカウトだ。でも、懸念はなかった。

**私が求めていたのは、商売のプロではなく、「人間のプロ」だったからだ。**

それぐらい、良く出来た人物だった。人間的に落ち着きがあり、傾聴の姿勢がある。結婚18年目となる奥さんと一度も喧嘩をしたことがないという。我が家とはえらい違いや。おまけに、見栄とは程遠い人物だった。高級なスーツには一切手を出さず、飛行機の移動はどんなに急ぎでも、エコノミーだった。

「頼むから、ファーストクラスを使うてくれや！」と何度頼んだことか。

全くもって、私と真逆の性格であり、だからこそ、私の弱点をすべて補ってくれるのだ。マットには、グループのオペレーションの大半を任せることができた。やがて、転職3年目でグループの社長にまで昇格したが、古参の社員からの反発は、一切なかった。それくらいの人望があったのだ。もっとも、そんなマットも、今はこの世にいない。10年あまりのガンとの闘病生活の果てに、この世を去った。本当に惜しい人を亡くしたものだ。その悔しさが、今の私を「ガン撲滅運動」に駆り立てている。

他方、社内体制や環境整備にも気を配ってきた。営業が得意だが、会計がダメな私は、グループ拡大の際は、公認会計士を3人、正社員として雇った。あるいは、1990年代の半ばから、IT部門を設立して、業務の管理・効率化を図ってきたのだ。

成長するためには、自分の弱みを見つめ、克服する必要がある。

でも、**人間が持って生まれた気質は、そう簡単には変わるものではない。結局、周囲の人の力を借りるしかないのだ。部下に任せるしかないのだ。**

しかし、他人の力を借りたり、任せることが苦手なリーダーは、多い。全部、自分でやりたがるのだ。そのくせ、「経営者は孤独」なんてのたまう。あほか！

**人に任せられないのは、自分に対する自信のなさの表れだ。何か問題が生じたときにフォローできる自信がないから、任せられないのだ。**

私は部下の仕事の進め方には、極力、口を出さない。最初に方向性を示して火をつけたら、しばらく離れる。すると、優秀な社員たちは勝手に考え、動いてくれる。自分たちで成長する。あとは、報告を待てばいい。私は、これが正しい組織だと思う。

そういえば、**10年ほど前に、「社長」から「会長」になったときも、あえて次期社長は指名せず、社長の席を空白にしておいた。**それにより、自然とその席にふさわしい人財が育ってきたことがあった。

日々、私の弱点を補い、助けてくれる社員達には、全力で報いるようにしている。**絶対に路頭に迷わせたくない。何があっても、食わせていきたい。それが、企業の役目だと信じている。**ヨシダソースが事業の多角化を続けているのも、そのためだ。事業の柱があればあるほど、一つがダメになっても、社員の受け皿にすることができる。

**そして才能があり、愛のある人財と一緒に人生を共にしたいやろ。だったらその人財に惜しみなく飛躍するチャンスを与えたい。だから多角化を図っているんや！　これも「人儲けの極意」やろ。**

16
吉田潤喜
語録！

人に任せよ！
才能があり、愛のある人財と一緒に
人生を共にしたいやろ。
だったらその人財に惜しみなく
飛躍するチャンスを与えよ！

## 【吉田潤喜からの学び】望月俊孝

「人に頼ること」「人に助けを求めること」ほとんどの方が苦手でしょう。特に、苦しいときでも「甘えるな。自分で頑張れ！」と鼓舞されてきた世代は、「弱い自分」をなかなか受け入れられません。

かつての僕もそうでした。しかし、今では吉田会長のおっしゃるように、「任せる」ことの大切さを実感しています。

そのきっかけとなった僕の体験をシェアしましょう。

2000年初頭のこと、ある著名な編集者から「自己啓発・ビジネス書」の出版企画を打診されました。それまで「精神世界・ヒーリング」の本を書いていた僕にとっては、より大きな舞台への切符です。断る理由はありません。

しかし次の瞬間、衝撃的な事実を聞きます。**なんと、2ヵ月で1冊の本を仕上げ**

**る必要があったのです！**　なにしろ初挑戦の分野です。過去の連載や作品をリライトするわけではありません。０からの執筆です。当時は経営者でありながら、講師として連日、全国でセミナーや講演をしていました。講演会後、主催者から誘われる宴会もお酒は一滴も飲めないのに、全参加。また空いた時間は事務作業もしていました。

仕事が大好きだし、のめりこんでいました。だから空き時間に新しいジャンルの本を書くなんて。普通に考えれば無謀な挑戦です。

でも、僕はまず「やる！」と決めました。そして、その旨をスタッフ全員に伝えました。

「これから１カ月半は、執筆に集中します。講演以外の仕事は一切しません。会社にもほとんど来ません。自宅への連絡も、どうしても判断できないものだけにしてください」

しかし、その後、面白いことが起きました。**スタッフは一丸となり、素晴らしい**

**チームワークを見せたのです。中には、意外なメンバーが講師の才能を開花させたこともありました。**

自分の弱い部分を認めて、周囲の力を借りることで、より確実に次のステージに進めます。それだけでなく、頼られた側も思いがけない成長をとげる可能性もあるのです。

そこからなんと、「放牧《ほうぼく》経営」という自由に伸び伸びと育て、能力を発揮してもらう経営スタイルに進化していき、今に至っています。

チャレンジ・ワーク

あなたの人生を振り返って、どうしても克服できない「弱み」は何ですか？　その「弱み」を乗り越えなければいけない場面では、誰の力を借りますか？　力を借りるときに、どのようにその依頼をしますか？

# オンリーワンだから選ばれる

「ソース」に出会うまで、アメリカでの私の糧《かて》は、**「空手指導」**だった。シアトル・コミュニティカレッジ在学中から、道場を開いていたが、結婚後はそれだけでは足りなくなった。そんなとき、急逝した空手仲間の道場を引き継ぐ形で、オレゴン州に行くことになる。指導者としてやっていくには、技術のみならず、セールスが大切だ。ポートランド州立大学や警察学校に売り込みにいった。いずれも首尾よく決まり、「ヨシダ・メソッド」という逮捕術を考案し、ワシントン州・オレゴン州の警察学校の必須科目にもなった。

その中でも思い出深いのが、**「マルトノマ・アスレチッククラブ」（通称マックラブ）**との経緯だ。マックラブは、100年以上の伝統をもつ、超名門スポーツクラブ。ポートランドの名士は、みんなそこに名を連ねている。引き継いだ仲間の道場生の縁で、私はクラス採用の面接を受けることになった。もし採用が叶えば、週2日のレッスンで400ドルの報酬がもらえる。それまでの自分には、ありえない条件だ。

面接官の一人に、体育部長のメル・フォックスがいた。彼は、私に空手のデモンストレーションをするように命じた。当時は、ニンジャ映画で有名になった武道家俳優ショー・コスギ氏のような派手な演武が受けていた。実際、私もレンガ割りのパフォーマンスは得意だった。

しかし、私はこう返した。

**「残念ですが、そうしたことは私はやりません」**

メルは訝《いぶか》しんだ。

「それは、どういう意味かね？　君の前に面接に来た人たちは、みんな、派手なことをしてくれたけど？」

私は、きっぱり返した。

**「神さんがレンガをお創りになったのは、私のような人間に割らせるためやない。それでもと言わはるんやったら、誰も見とらへん地下にでも行きましょうか？」**

かっこええやろ？　……と言いつつ、実際は、やせ我慢だったかもしれない。しかし、空手ブームの中、どいつもこいつも派手なパフォーマンスをしていることに、もう嫌気《いやけ》がさしていた。

「おまえら、それでええんか？　それでは空手家でなく、ただの道化師や」

「人生も商売も目立ってなんぼ」とは言っているが、それはただ派手なことを競ってすればよい、いうことではない。

**どうしても納得のいかないことは断固として拒否する。**

**それでも人の心を打つにはどうしたらよいのか？**

**そこからオンリーワンが生まれる。**

結果として、メルは私を採用してくれた。**他の応募者が派手な演武パフォーマンスを競う中で、それを拒否した私が新鮮に映ったのだろう。**

このメルという男は、私の恩人の一人だった。門下生のクレームから私を守ってくれたり、待遇改善もしてくれた。給料はまもなく3倍になったし、何より嬉しかったのは、保険に加入できたことだ。メルは私が加入条件を満たせるように、名ばかりのコンサルティング職にもつけてくれた。

そして、このマックラブで働いた時期に、私はかけがえのない財産を手にする。

「人脈」だ。

生徒には、オレゴン州知事もいれば、法曹関係者、有名企業の経営者もいた。警察学校の人脈とあわせて、ビジネスをはじめた後は、数え切れないほどお世話になったものだ。

# 17
吉田潤喜
語録！

どないしても納得のいかへんことは
断固として拒否すんのや。
ほんでも人の心を打つには
どないしたらよいんか？
そこから
オンリーワンが生まれる！

## 【吉田潤喜からの学び】望月俊孝

人生は「面接」「オーディション」の連続です。チャンスをくれる方々に選ばれるからこそ、次のステージに行けるのです。今回の吉田会長のお話は、**選ばれる人になるための大きなヒント**になるでしょう。

多くの人は、面接官や審査員が求める模範回答を探します。でも、残念ながらそれは応募者全員がします。だから、あまり差がつきません。

そこから抜きん出るには、みんながPRするところでは、競わないことです。**「他の応募者との違い」をPRするのです。**

吉田会長も他の応募者と同じようなパフォーマンスで競ったら、おそらく採用されなかったかもしれません。

僕の経験をシェアしましょう。

僕は、30年前、借金6000万円があり、全く無名でした。

しかし、**そんなときに、世界的に有名な心理学の先生を日本に招聘したことがあります。**欧米では名の知れた方であり、彼を呼びたいプロモーターはいくらでもいました。

では、なぜ、あえて日本に来てくれたのでしょうか?

実は、**「日本」という場所自体が、他にはないPRポイントだったのです。**

当時の日本は、「ジャパン・アズ・ナンバー1」と言われていました。

多くの外国の方が、日本に憧れており、日本で仕事をしたことがブランドになっていたのです。もちろん、私の招聘依頼に先生は快諾してくれました。そして、この招聘が、私が「ヴォルテックス」という会社を立ち上げるきっかけの一つになったのです。

もちろん、吉田会長のように信念と経験に基づいて、他との違いをPRできるのが理想でしょう。

でも、私のように、**普段意識していない「当たり前」の部分にも、他の人が真似できないPRポイントがあるものです。**

ぜひ、そこを見つけて、次のステージへのチャンスをつかんでください。

### チャレンジ・ワーク

あなたが「当たり前」に考えていることを、再評価してみましょう。

人の半分以下の努力なのに、人の何倍も速く、うまくできることは何でしょうか？「えっ？　みんな、なんで、できないの？」「なんで驚いているの？」と思ったのは、どんな場面だったでしょうか？　あるいは、あなたが普通に生活している環境で、人から、うらやましがられていることは何でしょうか？　注意深く日常の中で、ひろってみましょう。

# 四、人生ゲームを楽しめ

# 人生も商売も、ホラ吹いてなんぼ

「どうせやるんやったら、大きいことをせえや。世間体なんか気にせず、好きなことをせえや」

そう子どもの頃、母親が私に示してくれていたことは前にも書いた。

ところで、あなたは、子どもの頃の夢を覚えているだろうか?

**私の夢は、「おふくろに島を買うこと」だった。**

浮世離れした父親の代わりに、一家の生計は母の肩にかかっていた。7人の子どもを抱えながら一人で店を切り盛りし、私が覚えているだけでも、アイスキャンディ屋、靴屋、洋服屋、マージャン屋、お好み焼き屋、焼肉屋、喫茶店と、少しでも稼ごうと、いろいろな商売にチャレンジした苦労人だった。

そんなおふくろに、何か親孝行したかったのだ。

母の苦労をずっとそばで見ていた私は、いつも「将来成功して、おふくろに島を買《こ》うてやる」と言っていた。


そこで、6歳の私は何をしたかといえば、メンコやビー玉を集めることだった。

勝負に勝って、メンコやビー玉をたくさん集めることが子どもの世界での成功だった。たくさん集めると自分は偉いという気持ちになれたし、すごい快感だった。その先に、島が買えると思っていた。そのため、近所の子どもたちと、勝負しまくった。

勝負して勝つと、強制的に家に帰らせてメンコやビー玉を取ってこさせた。持ってこないで逃げた奴は追いかけて、竹の棒で叩いたりした。

まぁ、そんなことは長くは続かない。ある日、路地裏で遊んでいたら、4番目の姉貴にとっ捕まえられた。

「ヤクザみたいなことやって、島買うとか、ホラばかり吹いてるって、近所で評判や！」

そのまま首根っこをつかまれて、おふくろの前に連行された。

しかし、おふくろは、笑いながらこう言った。

「じゅんちゃん、ほんまに私のために島を買うてくれんのか？」

私は大見得を切った。

「絶対、買うたる！」

そのあとの母の一言は、生涯忘れない。

**「ほな、どうせ買うてくれんのやったら、大きい島買うてや」**

今、振り返れば、あそこが私の転機だった。

「どうせ何かを目指すならば、でっかいこと目指せ。でっかい夢を持て」

そのとき、私の人生が変わった。

そう言ったおふくろの声が、いまだに耳元に響いてくる。

今の私が講演会や書籍で伝えている生涯のポリシーが生まれた瞬間だ。以降、私は「でっかい夢」ばかりを描き、それを口にしてきた。京都のごんたくれ（悪ガキ）だった10代の頃は、「アメリカに行って、金髪の嫁はんもらうんや」と言いふらしていた。そして、アメリカに渡ったあとも、事業を起こすたびに、「世界一にするんや」とホラを吹いてきた。もちろん、叶わなかった夢もあるし、散々な目にあったこともある。

でも、**描いた夢が、自分を導いてくれたのは、疑いようのない事実だ。**

**特に若い人には大きなホラを吹いて、でっかい夢を抱き、その夢を死ぬ気で信じられる人になってほしいと私は思っている。**

もし、あのとき、おふくろから、嘲笑《ちょうしょう》されたり、説教されていたら、今の私はなかったと思う。

**これを読んでいる親御さんは、子どもの素直な夢は、ぜひ否定しないでいただきたい。**

# 18
## 吉田潤喜語録！

「大きなホラを吹いて、
でっかい夢を抱き、
その夢を死ぬ気で
信じられる人になれ！」
「どうせやるんやったら、
でっかいこと目指せ、
でっかい夢を持て」

## 【吉田潤喜からの学び】望月俊孝

「夢を持て」とは、たくさんの大人が言うことです。でも、吉田会長がおっしゃると、格別ですよね。

さて、では夢はどんな効果を私たちの人生にもたらすのでしょうか？

ちょっとあげてみるだけで、次のようなものが浮かんできます。

・夢を持つと（夢がないときと比べると）やる気が生まれる。考え方が積極的になる
・夢を持つと、問題意識が高まり、必要な情報が集まってくる
・夢を持つと、行動力が高まる
・夢を持つと、挫折にめげない。失敗にくじけない
・夢を持つと、毎日が充実してくる

・夢を持つと、付き合う仲間が変わってくる
・夢を持つと、平凡なことにも意味を見いだすことができる
・夢を持つと、人がついてくる。人が一緒に燃えてくる
・夢を持つと、苦労さえ喜びに変わる

もちろん、これだけではありません。

『夢を描き、魅力的な夢に向かっていく中で、多くの才能が磨かれる』

夢を追い続けるうちに、知らぬ間に必要なものは、すべて手に入ってきます。経験、実績、行動力、勇気、挑戦する心、根気、洞察力、人脈、良好な人間関係、協力者、アイデア、心の豊かさ、必要なお金、時間……。


夢を達成することは素晴らしいことです。

でも、実は夢に挑戦する過程でも、たくさんの財宝を手に入れることができるのを吉田会長の人生は教えてくれています。

夢実現法を長年お伝えしてきた僕も、自分の理想の未来像を写真や絵で表現する「宝地図」という手法で、たくさんの夢を描いてきました。

大講堂やスタジアムで講演をする、世界的な作家・講演家として、アメリカ大統領に表彰される、などなど。

「ホラ吹き」どころか「誇大妄想」な夢かもしれません。でも、この夢が、私の選択と行動をあきらかに変えてくれました。

**夢は「叶う・叶わない」以前に、夢を「持つ」こと自体にも大きな意義があるのです。**ぜひ、吉田会長のように「でっかい夢」を描いてみませんか？

## チャレンジ・ワーク

これまで自分の夢を描いたことがない方は、「今よりもマシな未来」「今よりも少し明るい未来」くらいから考えてみましょう。

ちょっとやってみたいこと、ちょっと憧れていること、ちょっと変えてみたいこと。

まずは、それらを自分の「夢」だと認識してみましょう。そして、その「夢」を膨らませていきましょう。

ちょっと調べてみたり、写真や絵でビジュアル化したり、友達に軽く話してみましょう。

そうするうちに、どんどん「夢」が鮮明になり、あなたを突き動かしてくれるようになります。

夢は完成したものが降ってくるわけではなく、少しずつ育てていくものなのです。

# リスクを被《かぶ》る提案が通る

32歳の冬から、昼は「空手指導」、夜は「ソース作り」の日々がはじまった。ソース作りは、8時間夜通しで煮込み、その後、ビン詰め・ラベル貼りをする。機械を買う費用はなく、妻リンダと妻の両親が手伝ってくれた。寝る間も惜《お》しんで、取り組んだ。

でも、作るだけでは意味はない。ボランティアではなく、ビジネスや。まず、私は地元の食料品店を片っ端《ぱし》から回った。しかし、飛び込みで来た東洋人の商品をいきなり置くわけはない。チェーン店であれば、本部が承認していない商品は、そもそも売れない。

そこで、私は、次のように説得した。

**「とにかく一度、デモ（実演販売）をやらせてください。売れなければ商品は、すべて、持ち帰りますから」**

もし、私のデモで1本ソースが売れたら、店は代金の35％がもらえる。しかも、商店が一番嫌う在庫を持つ必要はない。

お店のマネージャーは、金銭的なリスクなしに売上があり、自分の査定もよくなる。

私のほうも、自分が先頭に立つのだから、宣伝費を払う必要もない。


足繁く通ううちに、デモだけはやらせてくれるお店が出てきた。


さて、どうするか？

お行儀よくしても、誰も見てくれへん。

**目立って、ナンボ。**このとき生まれたのが、**「着物」「下駄」「カウボーイハット」という三種の神器だ。**

後にテレビCMでもやったクレージーな格好をして、私は店頭の一角で、ソースを使った肉料理を作りはじめた。

「ハイハイ、皆さん、寄ってらっしゃい！　見てらっしゃい！」

私が大声を張り上げると、みんなはこっちを見てくれる。それはそうやろう。ヘンテコな東洋人が、香ばしいソースの匂いを漂わせ、肉を焼いているのだから。

勝負はここからや。何事も最初のつかみが肝心。自分のペースに、巻き込まないといけない。

私は、思いついた、でまかせを言った。

「皆さん、なんで私がこんなカッコをしてまで、ソースを売っているのか。

実は、家では、子どもたちが腹を空かせて待っておりまして……

しかも、私の子どもの数ときたら、驚くなかれ12人！

ついでに、私の兄弟も12人！」

集まった主婦たちは、クスクス笑い出す。いい調子だ。サンプルのチキンにもどんどん手が伸びてくる。私は、すかさず言う。

「おいしいでしょ！　実はこれ、推定12人の子どもをたった一人で育てた、ボクのママの秘伝のソースなの！　日本では大人気！　私たちの12人の兄弟は、このソースでこんなに立派に育ちました」

店頭でのデモ販売というのは、私が生まれた京都の東寺道の商店街では、当たり前の光景だったが、当時のアメリカではかなり珍しかった。

そのため、たちまち評判になり、ソースは飛ぶように売れた。**最高記録で、1日400本をさばいたこともある。**

デモが一度、成功すると、お店側は次も呼んでくれる。さらには、試食に使うチキンも提供してくれることになった。

ところで、このデモは、思わぬところから、クレームがきた。

地元の日系人社会だ。私の着物と下駄履きという格好を日本の伝統への冒瀆《ぼうとく》だと解釈したらしい。**「あいつは、はしたない奴だ」**と。

「ふざけるな！」

こっちは裸一貫ではじめた命懸けのビジネスや。

自分自身や文化をおもしろおかしく笑ってみせるのは、ユーモアの基本、どこが悪い。私は、非難されればされるほど、ますます燃えて、もっと派手な格好をした。おかげで、週末になると、各地のお店からデモの依頼が止まらなくなった。

日本では「出る杭は打たれる」という風潮がある。アメリカでは人生も商売も「目立ってなんぼ」

アメリカでは**「出ない杭はつぶされる」出れば出るほど人が集まってくる。だから大いに目立って、主張して、夢をみんなに語るんだ！**

考えてほしい。わざわざ出る杭を打ちに来る人は、その成功や才能に嫉妬しているか、邪魔したい人なんだ。だからそんな人の悪口や忠告は放っておけばよい。大好きなことを思いっきりチャレンジしよう！

## 19

吉田潤喜
語録！

出る杭になれ！
人生も商売も目立ってナンボ。
出れば出るほど、
チャンスも人も
どんどん集まってくる！

## 【吉田潤喜からの学び】望月俊孝

後に、全米で大人気になるショーマン社長の誕生の瞬間ですね。

「AIDMAの法則」というモデルがあります。お客様が、実際に一つの商品を購入するまでの認知の流れを説明したものです。その最初に来る〝A〟は、**〝Attention（注意を引く）〟**という意味です。まさに、吉田会長のおっしゃる通りの**「商売は目立ってナンボ」**です。

加えて、私が感銘を受けたのは、最初のお店との交渉の仕方です。

①売れれば、あなたは何もしないでも、35％分の収益が入ります。

②売れなければ、在庫はすべて、こちらで持ち帰ります。

つまり、**【あなたにはリスクはありません】**という点を強調したのです。

この点、私も経験があります。実績・人脈なし、借金ありで、再独立をした僕は「なんでもやる」覚悟でいました。そのため、なんと、**以前リストラされた会社にも、自分の講座を提案しにいったのです。**かなりクレージーですよね。

そのとき、私は担当者に、こう提案しました。

「もし、私の講座を開催していただいたら、集客も運営も私がやります。成功したら、担当者である、あなたの手柄になります。失敗したら、この望月の責任にしてください。うまくいかなかったら実際に私の実力ですから……」

交渉は、あっさり決まり、提案した講座は、それから2年間続いた大人気講座になりました。

**人は「メリット」で動くと思われがちですが、それ以上に「デメリット」に敏感です。**損をすることや、失うことを何よりも恐れます。逆に言えば、その点について、フォローが完璧となれば、必ず身を乗り出してくれるでしょう。

ぜひ、何か相手の方に訴えかけるときは、相手の方の「リスク」を想像して、それをフォローする提案をしましょう。

チャレンジ・ワーク

もし、あなたの提案を受け入れた場合、相手はどんな「リスク」がありますか？

それをフォローするには、どのような提案ができますか？

# 倒産の危機を救った「目標1万本」の張り紙

**「あんたのパッション（情熱）は何%あったんや？」**

失敗したと落ち込んでいる人に、私はよく聞く。

以前、こう言った人がいた。

「99%ありました」

たいそうなことや。では残り1%はどうしたん？　と聞くと、そこから、言い訳のオンパレードがはじまる。周囲が助けてくれなかったとか、景気が悪かったとか…などなど。

だから、あかんのや！　ビジネスは、やるか、やられるかの勝負の世界。勝者が、マーケットのすべてを持っていく。お客様は、2番手以降なんて見てくれない。99％の情熱があっても、1％の逃げ道も残していたら、そこで足元をすくわれる。単なる「やる気」ではない。何事も成し遂げたいならば、死ぬほどの思いが必要なのだ。

逆に、100％のパッションがあれば、腹がくくれる。「誰かが助けてくれる」「なんとかしてくれる人が現れる」という甘えや期待が消え去り、1人でもガムシャラに行動を始めることができる。すると、不思議と助け船があらわれる。

**100％のパッションは、運すらも変えてくれるのだ。だから、行動を始めただけで、6割は成功できたと言っていい。**グズグズ悩まず、「やろう」と思ったら、即決・即行だ。私自身がアメリカで成功できたのも、「絶対、日本に帰るものか」と想い、自分を追い詰めたことで、100％のパッションを発揮できたからである。

とはいえ、「そこまでは……」という方も多いだろう。そこで、誰にでもできるパッションの湧かせ方をご紹介しよう。

**「吉田さん、貸したお金、どこに使っているんですか？」**

道場の地下でソースを作っていた時代に、銀行の融資担当者から問い詰められたことがある。彼は、エド・カワサキっちゅう日系人だったな。当時、私は銀行から3万ドルを借りていた。1ドル280円時代だから、相当な額だ。私はその融資を、約束した「道場経営」ではなく、「ソース作り」につぎこんでいた。立派な契約違反だ。なんとか取り繕《つくろ》おうとしたが、ソースの匂いぷんぷんの道場での面会だったから、言い訳もできない。

結局、カワサキ氏のメンツのために、2カ月間で3万ドルすべてを返済しなければならなくなった。節約で到底足りるわけないし、誰も助けてくれない。

そこで、私は開き直った。

**「なんや、あと1万本、余分にソースを売れば済むことやんけ！」**

もう、なりふり構ってはいられない。**私は「1万本」と書いた紙をあらゆる場所に貼りまくった。**工場にも、道場にも、果てはトイレにも。さらには、口ぐせも「1万本」に変えた。「先生、おはようございます！」「おーす！　1万本」という具合だ。要するに、自己暗示をかけまくったのだ。この自己暗示のパワーを甘く見てはいけない！

そんなクレイジーなことをしていれば、いつしか周囲も巻き込まれていく。ソースを買ってくれていた生徒たちは、気をつかって前払いにしてくれた。また、サンプルを持ち帰った従業員は、それを自分用には使わず、近所の人に売ってくれた。そんな協力があって、目標の1万本はあっという間に達成された。


**今思えば、「3万ドル返す」ではなく、「ソース1万本売る」と書いたことが、良かった。**

内容は同じだが、前者は、強迫観念にみちてネガティブな感じがする。でも、後者は、ポジティブでチャレンジングな感じがする。

「よし、やったるで！　みんなもやろう！」と断然モチベーションも上がる気がせんかな？

まずは、「やりたいことがあったら口に出し、紙に書け！」すると夢をかなえる具体的なアイデアが出てくるし、何よりも突っ走るエネルギーを与えてくれる！

## 20
吉田潤喜語録！

99%と100%では、
まったく違う。
99%のパッションは0と一緒やで。
勝負は最後の1%にかかっている。
やりたいことがあったら、
口に出し、紙に書け！

## 【吉田潤喜からの学び】望月俊孝

「100%のパッション（情熱）を持て」吉田会長の人生を貫く大切な教えです。何か事を成すには、執念と呼ぶべき「本気さ」が必要です。

とはいえ、「パッション（情熱）」とは、なかなか奥深い感情です。単なる「やる気」よりも深く、一時的な興奮や熱狂よりも長く続くものです。待っていても、自然に湧くものではありません。

では、どうすればよいか？　実は、**パッション（情熱）は、向かう先がはっきりしたときに湧いてくるのです。**たとえば、あなたが、真っ暗闇の中をさまよっていたときに、遠くに1点の光が見えたら、何としてでもそこに向かいますよね。

この点、吉田会長が素晴らしいのは、「3万ドル返す」ではなく、あえて「ソース1万本売る」と目標を書かれた点です。

求める結果を生むための「これだけやればいい！」という要因を明確にして、ご自身の手で、向かう先をはっきりさせたのです。

僕はこうした行動を**「X-1」理論**と呼んでいます。望む結果（X）の一歩手前（マイナス1）の「要因」を明確にすることで、単に漠然と理想の結果をイメージするよりも実際の行動力が湧いてくるのです。

僕の例をあげましょう。若い頃の最大の夢の一つは、「作家」になることでした。読書好きならば誰もが夢見ることです。僕の場合は、社会人になっても、その夢がさめず、勤務先の社長のゴーストライターも引き受けていました。

**そんな本作成の舞台裏で僕が考えたのは、作家になるための「X-1」です。**

多くの作家志望者は、依頼がなくても、とにかく毎日書き続けることを美徳としています。それ自体は素晴らしいことです。でも、それが必ず商業出版につながるかは別問題です。そこで僕が考えたのは、**あらかじめ本を出してくれそうな出版関係者と面識を持つことでした。**

もっともSNSもない時代です。僕はともかく足を棒にして、いろいろな集まりに顔を出しました。そのうち、たま出版（精神世界のパイオニア）創業者の瓜谷侑広社長とのご縁ができました。パーティで名刺交換した折、僕は「たま出版さんで本を出したい」という夢を語りました。瓜谷社長は、「それは楽しみだな。書けたら持っておいで」と言ってくれました。

半ば社交辞令だったかもしれません。しかし、その一言を頂いてから御礼状だけでなく、定期的な便りをお届けして、しっかり覚えていただきました。

それからの執筆はあきらかに加速しました。

当てのない積み重ねではなく、ゴールへの最短ルートを進んでいるという自信が、生産性を一気に上げてくれたのです。完成した原稿は、実際に瓜谷社長に見ていただき、出版する運びになりました。**それが僕のデビュー作『癒しの手』です。**後に

10万部を超えるベストセラーになり、海外にも翻訳されました。

**この実例のように、「X-1理論」は、あなたの夢に筋道を与えます。**実現の道を合理的にし、どんな無謀そうな夢でも希望を感じさせてくれます。行動からムリ・ムダ・ムラがなくなります。一時の興奮や熱狂の力を借りなくても、100%迷いのないパッション（情熱）をもって、夢に邁進できるようになります。

## チャレンジ・ワーク

あなたの夢が現実になるためには、実現の一歩手前で、どんな状況になっている必要があるでしょうか？　その状況をふまえて夢をより明確化して、紙に書き、いつも目に入る場所に貼っておきましょう。さらには、その状況をイメージさせる写真やイラストも一緒に貼るとベストです。

# ゲーム以上に人生を楽しんでいるか

「もし火事が起きても、そのままやってるのとちゃうんか？」と思うほどゲームに孫たちは没頭している。

普段は、わざわざ「キッチンにある、あのリンゴ食べていい？」と聞いてくるほど、お利口さんだ。でも、いったんゲームをはじめたら最後、名前を呼んでも、振り向きもしない。きっと聞こえてもいないのだろう！

ゲームを悪くいう親御さんは多い。まぁ、心配になるのは、ようわかる。

ただゲームから学べることがたくさんある。

ゲームの中では、孫たちは負けることも多いだろう。でも、そこで止まることなく、すぐにリスタートして、どんどんステージを上げていく。いちいち悩んでなんかいない。ゲームの外でも、こんな姿勢で生きていけたら、大成功間違いなしや、と思う。

だから、私はこれを読んでいるあなたに言いたい。

**「自分の人生をゲームだと考えてごらん」**

人生はゲームや。

「なんで私はダメなのだ」と悩む暇があったら、さっさと次のチャレンジをしよう。

**いつまでも下を向いて悔やんでいるから、すぐ目の前にある次のステージへの扉が見えないのだ。**

私も一事が万事、この調子で生きてきた。

「ええな」と思ったら、すぐにチャレンジし、失敗したら「こんちきしょー」とまたチャレンジをする。

だから、転んでも、振られても、だまされても、一向に悩むことがない。

すると、すぐに次のチャンスに出会えるのだ。

**成功とは「100回失敗して、1回うまくいく」というものだ。**

どんな分野でも成功している人というのは、100個のいろんなアイデアを持っていて、それを次々に繰り出す人だ。

もちろん次々に失敗するけれども、めげることなく、どんどん先に進んでいく人だ。

どうや？　あなたも自分のチャレンジ・ゲームに没頭してみないか？

21

吉田潤喜
語録！

人生はゲームや。
失敗してもすぐにやり直して、
どんどんステージを上げていく！
成功とは「100回失敗をして、
1回うまくいく」というものだ。

## 【吉田潤喜からの学び】望月俊孝

**「人生＝ゲーム」**

吉田会長のこの考え方は、数多くの大成功者に共通していることです。

思い出すのが、大富豪フィリップ・アンシュッツのエピソードです。1兆円を超える資産を持ち、アメリカのサッカー界の名オーナーとしても著名な人物です。そんな彼も若い頃、すべての資産が燃え尽きたときがありました。

当時、親から継いだ石油採掘会社を経営していた彼は、現場主任からの電話に目の前が真っ暗になります。**なんと自分が採掘した油田で、大火災が起きているのです！**　なんとか火災だけでも止めようと、専門の消火機関レッド・アデアに依頼をしました。しかし答えはNO。理由は消火費用の支払い能力がないと判断されたからです。若きフィリップが採掘権確保のために、膨大な借金をしていたことは、あまりにも有名でした。必死の説得でなんとか承諾してもらいますが、消火費用の支払い義務はそれだけ重くのしかかります。

もちろんアテは全くありません。**なにしろ多額の借金で掘り当てた油田は、目の前で刻々と消滅しようとしているのです！**

さて、あなたがフィリップならどうしますか？　普通に考えれば打つ手はありませんよね。しかし、世界にたった1社だけ、悲惨なフィリップを必要とした会社があったのです。

**その会社の名前は、ワーナー・ブラザース・エンターテインメント。**いわずと知れた世界的な映画配給会社です。

折よく彼らは「石油火災」のドキュメンタリー映画を企画していました。かくして燃えさかる絶望的な火災は、最高に価値ある映像に生まれ変わりました。その映像はやがてジョン・ウェイン主演の「ヘルファイター」で使用され、今でも語り継がれています。

フィリップはこの契約で大金を手に入れ、消火費用はおろかそれまでの借金を完済することができたのです。

それだけではありません。**フィリップはこの一件でメディア業界の可能性を知り、「メディア王」への道を歩み始めたのです。**

このように、人生は時として、突然、僕らに大きなハンディを背負わせ、それまで築いたものを奪っていきます。きつい制限のルールをかけてきます。多くの人は、そこで絶望してしまい、退場してしまいます。

でも、成功者は、違います。

**「おっ、何か、ゲームの新しい展開が始まるぞ。さて、どうクリアしようか」**とワクワクしてくるのです。すると、次のステージに進むヒントが見えてくるのです。

僕自身にも経験があります。僕は借金6000万円を背負っていた時代に、さらに800万円の借金をして、心理学を学ぶために、夫婦でアメリカに渡りました。結果、その心理学の日本で、最初期の認定講師になることができました。

しかし、帰国後、現実に突き当たります。心理学を用いたカウンセリングは、とても意義あるお仕事です。**しかし、膨大な借金の返済の点からすると、1対1の有料セッションでは、限界がありました。**

困っていたとき、目に入ったのが、**「研修・講演」**という世界です。講師である僕一人対して、1回にお会いできるお客様の数は、格段に増えます。100人、1000人の方にアプローチできました。さらに、出会ったのが**「作家」**という世界です。作者である僕一人の一冊の本を通して、全国にメッセージを届けられるのです。1万人、10万人の方にアプローチできるようになったのです。さらに今後は、YouTubeなどのメディアの世界で、全世界にアプローチできるようになるでしょう。

もし、僕が最初から何でも簡単で思い通りになる世界にいたら、おそらく「作家」になるまでには至らなかったはずです。こうして、あなたにも、お会いできなかったことでしょう。

さまざまな困難があるからこそ、僕たちは学びがあり、精神的な成長が促進され、どんどん新しい世界を堪能できるのです。

僕の瞑想の師匠である山田孝男先生は、このことを「**人生は神芝居**」と表現されました。**突然の災難は、次のステージへの予告にすぎません。僕らはとてもエキサイティングなゲームをプレイ中なのです。**

## チャレンジ・ワーク

あなたの人生を振り返って、一番大変だったのは、いつでしたか？　そこから、どのようなドラマがはじまったか、思い出してみましょう。

そして今後、突然、事態が変わってピンチに見舞われたら、「次のステージがはじまるな」とワクワクしてみましょう。

# 「クレイジー・ヨシ」の誕生

昔、大学のMBAクラスでこんな講義をしたことがある。

**「ここに1台のバスがある。これをなんとしても目的地まで動かさなければならないとしたら、どうする？」**

この問題の肝《きも》は、**「ガソリンが切れた」**後だ。MBAでは、今ある情報や資源をもれなく収集して、くまなく分析して、リスクを考えながら行動計画を立てる。だから、そんな彼らからすれば、「ガソリン切れ」は打つ手なしだろう。

だが、私はそこで言った。

**「いや、そんなときはバスの後ろに回って、バスを押すんや」**

もちろん、学生たちは呆れ顔だ。でも、実際はこれしかない。周りから「頭おかしいのちゃうか?」と言われても、**死にものぐるいでやっていると、次第に人が集まってくる。気づけば、多くの人に押されて、そのバスは目的地にたどりつく。**ヨシダソースの世界進出もバスを押し続けたから、できただけだ。

**「コストコ」**という会員制の卸売りスーパーマーケットをご存じだろうか? 近年は、日本でも浸透したと聞く。コストコとのご縁なしでは、今の私はない。

私がコストコに参入したのが、1983年、ちょうどポートランドに2号店ができたころだった。今の巨大チェーンになる前だったので、私のような無名の者でも、参入ができた。コストコの会員制店舗1店での売上は、その他の一般スーパーの10店分にも相当した。私たちメーカーにとっては、願ってもないことだった。

とはいえ、大きな問題があった。コストコは急成長をとげていたが、会員制という形式は、業界では異端だった。やっかみもあり、他のスーパーマーケットからは、**「コストコ**

**と取引するようなメーカーはウチではお断り」**と脅迫され続けた。まるでマフィアや。

反骨精神もあって、私はコストコに賭けてみようと思った。

決め手の一つは、コストコの社長ジム・セネガルだ。

他の傲慢な大手スーパーのバイヤーや商品ブローカーと異なり、**私を対等のパートナーとして扱ってくれた。**私は、ジムの期待に応えようと、コストコのシアトルとポートランドの両店で、週末は懸命に実演販売をした。

こんな思い出がある。あるとき、試食品を大量に持って行くオバハンがいた。何度も来ては、両手の指3本に器用に4つも試食品を挟んでいるのだ。まぁ、気に入ってくれたならいい。しかし、店じまいのとき、レジで並んでいるオバハンを見ると、買い物かごに、ヨシダ・グルメソースが入っていないではないか！　私は、お店を出ていくオバハンを追いかけた。コンクリートの床に高下駄のカタカタした音が響く。

「美味しそうに食べていたのに、なんで買ってくれんの？　どこか悪いところがあるなら教えて！」

私は駐車場で、オバハンに食い下がった。幸い、味には不服はないと言う。私は、言った。「じゃあ、私が1本取って来てサービスであげますよ。だから1本買ってね」ここでオバハンは根負けしたが、結局2本買ってくれた。

この様子を、コストコの社長ジム・セネガルは、レジから見ていたらしい。

**「素晴らしいパッションだ。君のようなパッションをみんなが持ってくれていたら、私は大成功する」**

**そこで、ついた私のあだ名が「クレイジー・ヨシ」だった。**

コストコへの参入により、売上は倍近くに跳ね上がった。さらに、ジムは「クレイジー・ヨシ」を長く覚えていてくれたようだ。

数年後、急成長したコストコは、世界戦略に「ヨシダ・グルメソース」を検討してくれた。アイスランド、フランス、スペイン、ロンドン、韓国、台湾、スコットランド、そして日本……なんと、**世界中の店舗に、売れ行きに関係なく、ヨシダソースを置いてくれたのだ。**男の信頼に応えたことで、私は世界に羽ばたくことができた。

## 22
吉田潤喜
語録！

死に物狂いでやっていると、
人を呼び寄せる
エネルギーが出てくる。
自分の夢を死ぬ気で信じれば、
必ず夢を
一緒に見てくれる人が現れる。

## 【吉田潤喜からの学び】望月俊孝

**ほとんどの成功者は、必ず格上・目上の実力者から目をかけられて、引き上げられる体験をしています。**吉田会長も例外ではありません。

そして、吉田会長のエピソードは、誰もができる引き上げられ方を僕らに教えてくれます。

それが、**「期待に応え、越えようと、ひたむきに頑張ること」**です。

一見、根性論です。

でも、実は科学的でもあるのです。

2016年、早稲田大学スポーツ科学学術院の彼末《かのすえ》一之教授らの研究チームは画期的な研究を発表しました。

32名の参加者に次の4種類の「頑張る人」の動画を見てもらいます。ただし演者の顔は映しませんでした。

①やせた人が1キロのダンベルを持ち上げる動画
②やせた人が5キロのダンベルを持ち上げる動画
③筋肉質の人が1キロのダンベルを持ち上げる動画
④筋肉質の人が5キロのダンベルを持ち上げる動画

研究チームは、動画を見ているときの参加者の脳の活動を計測しました。

その結果、**②のやせた人が5キロのダンベルを持ち上げる動画を見たときに限り、相手の心を理解する部位が活性化していたことがわかりました。**

やせている人が、重いものを持っていると筋肉質の人がするよりも、大いに頑張っている感じがしますよね。

そんな「不利な状況を跳ね返す」ように見えるシーンを目にすると、僕たちの脳は自動的に共鳴し、応援をはじめてしまうのです。

スポーツのドキュメンタリーなどではおなじみですよね。

でも、これはビジネスの現場にも通じるものがあるのです。

もし、あなたが大きな成功を遂げたいのであれば、まずは今頼まれていること・任されていることを期待以上にこなすことを目指してみてください。

その姿を必ず見ている人がいて、ある日、次のステージに招待してくれます。

## チャレンジ・ワーク

あなたが今、「頼まれていること」「任されていること」「期待されていること」は何ですか？　もし、あなたの取り組みを次のステージに導いてくれる人がすべて見ているとしたら、あなたはどんな取り組みをしますか？

# お金を「先生」にしよう！

社会的に尊敬される経営者とは、どんな人物だと思う？

本を書いている人？　上場している人？

アメリカの場合は、違う。**本当の意味で尊敬される経営者は、自分の住んでいる国やコミュニティに大いに貢献している人だ。**だからこそ、アメリカの成功者の多くが、チャリティ活動に熱心や。寄付をすれば、税金が免除されるなど、国からのバックアップも多い。

因《ちな》みに、**私は、お金の「稼ぎ方」より、「使い方」を教えたい！**

**「使い方」は、「稼ぎ方」より大切だからだ。**

私もさまざまな活動に携わってきた。その一つに、「ウェスタン・ユース・ディベロップメント（以下、WYD）」という試みがある。

目的は、不良と呼ばれる少年少女の更生だ。私自身も10代の頃は、「ごんたくれ」と呼ばれる札付きのワルだった。だからこそ、不良の気持ちもよくわかる。**結局、彼らは「寂しがり屋」なのだ。**一人では何もできないし、一人でいる寂しさに耐えられない。だから、受け入れてくれる人がいたら……、悪い仲間や大人の元にだって走ることになる。更生のためには、健全に社会に関わる機会を体験させることだ。

**WYDでは、ビジネスを通じて、実際に子どもたちにお金を稼ぐ体験をしてもらう。**

それも、お遊びやない。「スターバックス」や「マクドナルド」に協力してもらい、本格的な環境で、お客様に接する。

「金もうけのどこが健全や!?」と思われる方もいるかもしれない。でも、お金を手に入れる体験は、とにかく楽しい。中には無税になるものもあるから、1個売れるたびに、その額が丸々自分に還元される。だから、やりがいがあるし、もっと頂くために、自分たちで頭を使うようになる。たとえば、「こんな顔していたら、お客様は、チップくれへんな」と気づいたら、より一層の笑顔での接客を心がけるようになる。大人が延々と講釈垂れても、こうはならんやろうな。

また年に一度、「起業セミナー」キャンプを開催する。そこでは、子どもたちに自分たちでビジネスを考えてもらい、講師である企業幹部とディスカッションをする。

「お金を頂く」体験によって、ストレートに自分には価値があると思えるし、それを磨いていこうという気になる。社会の中で働く大変さと楽しさがわかり、自信と責任感が芽生えるというわけだ。

**お金ってものは、自分自身の価値を人がどれだけ認めてくれたかを測れる大事なバロメーターだ。**小さい頃からわかると、自分を磨き、人との関係をしっかり築く「人儲け」の大切さを教えてくれるものだ。

# 23

吉田潤喜
語録！

お金は、あなたの価値を
人がどれだけ認めてくれたかを
量《はか》る大事なバロメーターだ。
小さい頃から自分を磨き、
人との関係をしっかり築く
「人儲け」の大切さを
教えてくれるのがお金だ。

## 【吉田潤喜からの学び】望月俊孝

**「お金は『先生』、ビジネスは『学校』」**

**吉田会長の人生を見て、浮かんだ言葉です。**

「お金はお役立ち額としていただく」――松下幸之助さんが言ったとされます。

またお金は人類が創った最大の発明、と言ってもよいかもしれません。

あまりにも楽しいゲームすぎて、手段であるお金がお役立ちであることを忘れて、お金を手に入れることだけに翻弄《ほんろう》されている人が多いとはいえ……。

人はとてもお金に釣られやすいと言えます。同時に、**お金を課題にすれば、すぐに本気モードになれるのです。**この特質を活用すると、急成長できます。

僕自身にも経験があります。僕の実家は、比較的裕福な家庭で、幼少の頃から、お金に困ったことはありませんでした。しかし、僕は独立と不動産投資の失敗で借金を負って、はじめて本気で「お金」に向き合うことになりました。

つらいどん底体験でしたが、その負債を「ビジネス」を通して返済していく中で、自分の本当の才能に気づき、貢献できる役割を知ることができました。さらには、自分の天命すら見つけることができました。

お金の悩みは尽きません。でも、その悩みの解決を通して、全く違うあなたに成長できるとしたらどうでしょうか？　**お金を「先生」と考えて、教えてくれるメッセージを読み解いてみましょう。**

## チャレンジ・ワーク

そのための一歩として、お金と健全な距離をとる心構えが必要です。大きなお金をいただくとき、あるいは手元から出ていくとき、私たちは大きな「恐れ」を感じます。

そんなときでも、「ワクワク」に切り替えるマインドチェンジ習慣を実践しましょう。

**【1】高額なお金を払うときは…**
↓ 10倍の価値になって返ってくると考えましょう。

**【2】高額なお金を先払いでいただいたときは…**
↓ 恐縮せず、10倍の価値をお返しすると考えましょう。

**【3】借金を背負ったら…**
↓ その中で楽しい側面・学びになる側面を一つでも見つけましょう。

**【4】請求書が来るたびに…**
↓ 「これだけ自分は払えると思われている」信用の証だと考えましょう。

**【5】周囲の人が成功したら…**
↓ 嫉妬や競争心をおさえて、「次は自分の番！」だと思いましょう。
成功して豊かになる人が増えるたびに、成功する可能性自体が増えていきます。
「相手からその秘訣を学ぼう」と思えればベストです。

# 人生は「思い」のバトンを渡すリレー

２０１２年６月、朝日新聞土曜版に、私の人生が特集された。１ページ半にわたる掲載だ。とても嬉しかった。でも、これは素敵なドラマの始まりだった。

**なんと、姫路のある中学校が、この記事を使った授業をしてくれたのだ。**

さらに、授業を受けた生徒さんたちは、私に素晴らしい感想の手紙を送ってくれた。少し紹介すると……。

**【A君の感想】**

自分はいじめにあって自殺を考えたことがある。でも、この授業で吉田潤喜さんという人の人生、いじめられた幼い時代を食いしばって生きた人生を知って、自分も頑張らないとダメだと思った。

**【Bさんの感想】**

私は5歳のときに母親が亡くなって、「なぜ自分だけがこんな苦労をしなきゃいけないのか」といつも恨《うら》んでいた。でも、吉田さんの人生を知って「自分の苦労なんてたいしたことない」と自覚した。

こんな感じで、紙面にびっしり自分の思いや告白を書いた子もいた。でも、文章の長短は関係ない。どの子の文章からも夢や希望があふれていた。

**「この手紙をくれた生徒たちに会いたい！**

**記事を使って授業をしてくれた先生と会いたい！」**

私は記者を通して、先方の中学校に連絡をしてみた。幸い、先生には喜んでいただき、なんと全校生徒とＰＴＡの方まで入れて、講演会をすることになった。

講演会当日、会場となった体育館には、５５０人の生徒たちが床に座って、楽しそうに私を待っていてくれた。

最初は壇上にあった私の体は、自然に生徒たちの方に向かっていった。私が移動するたびに、みんなの真剣な眼差しが吸い付くように向かってくる。気づけば、私は生徒たちの真ん中で話していた。私たちは一つになっていた。私の笑い話には、みんなキラキラ目を輝かせ、しんみりした話には涙を流してくれる。

講演の後、生徒からの質問タイムを設けた。質問をしてくれた生徒さんの中には、普段は消化器系の難病を患い入退院を繰り返していたが、その日たまたま学校に来れて、講演を聴けた子もいた。

つくづく実感したことがある。

**「自分は、なんという素晴らしい人生を送っているのだろう」**

**すべては、思いの連鎖《れんさ》の中にあった。**

「何くそ！　今に見とれ！」と必死に生きていた私の人生があって、それに共感し、新聞社が記事にしてくれた。その記事を読んで、授業にしてくれた先生がいた。

さらに、その授業を受けて、溢れ出た夢や希望や想いを手紙にしてくれた生徒たちがいた。そして、その思いを受けて、実際に話しに行った私がいた。おそらく、話を聞いた生徒さんたちもまた、次の誰かに、その思いをつなげていってくれるだろう。

私と親交の深いテレビのプロデューサーは、隣でこう言ってくれた。

**「吉田さん、もしかしたら、これこそ吉田さんの人生最大のミッションかもしれないね」**

その通りだ。できるだけ多くの人と出会い、自分の人生論を語りたい。

京都の「ごんたくれ」だった男が、こんなに満足した素晴らしい人生を送れるようになったか？　それをすべてシェアしたい。残りの人生はそれだけをしていきたい。

24

吉田潤喜
語録！

# 人を動かすのは、人と人との「思いの連鎖」。

## 【吉田潤喜からの学び】望月俊孝

**人は他の人の「思い」に突き動かされて、動く。**

吉田会長の感動的なメッセージです。

僕自身の人生が大きく変わったのも、自分の力だけでなく、他者の「思い」に突き動かされたからでした。

それは、今から30年以上前のこと、多額の借金を抱え、返済のために、ある研修会社のマネージャーをしていたときです。

懸命に仕事をしていましたが、生まれたばかりの長男のために、2ヵ月間の育児休暇をとったことがきっかけで、ポストを失い、会社を去ることになりました。

**その直後に、会社が招致していた講師の先生が、カナダ出身の世界的カウンセラーであるクリストファー・ムーンさんでした。**

あの本田健さんのベストセラー『ユダヤ人大富豪の教えⅢ』（大和書房）に登場したハリー先生のモデルになった方です。

クリストファーさんとは、夫婦ぐるみの付き合いがありましたが、僕が会社を去ったら、もう日本に招致できない可能性があります。

それを伝えなければいけません。

クリストファーさんは、悲痛な面持ちで伝える僕に、寄り添ってくれました。そして、静かに僕を見て、こう言ってくれたのです。

「トシ（僕の呼び名）、君が大変なことはよくわかった。今、諦《あきら》めそうな状況にいることも、伝わってきたよ。そんな経験、私にもあるからね」

**「でも、トシ、私には見えるんだよ。君が今のこの大変な状況を見事に乗り越えて**

**いく姿が……。普通の人なら、諦めてしまうような状況をトシは必ず乗り越えて、より一層輝き、多くの人に勇気とエネルギーをもたらす姿が……」**

**「トシ、トシの後ろについてくるのは、千恵子（妻）やシュン（息子）だけではないよ。わかっているだろうか？　トシの後ろから何千、何万、何十万人、それ以上の無数の人がついていく姿が、私にははっきり見えるんだよ」**

胸が熱くなる言葉でした。でも、当時の僕は、切羽詰《せっぱ》まっていました。感謝をしつつも、このように弱音を吐いたのです。

「ありがとう、でも、一体何をすればいいか、全くわからないよ……」

クリストファーさんは、そんな姿も受けとめてくれました。

「トシ、君がやることは、日本の未来のリーダー達に、君がいろいろ学んだことを伝えていくことだ。目的が明確なら、方法も、スキルも、能力も後からついてくる。何でもいいから、とにかく動きはじめることだよ」

ある意味、抽象的なアドバイスに思えるでしょう。でも、僕には、たしかにこの尊敬すべき親友の「思い」が注《そそ》ぎ込まれてきました。

**「何をやっていいか全くわからない。だったら、できることは全部やろう！自分がこれまで学び受け取ってきた知識や経験を全部伝えていこう！」**

たしかに「思い」を受け取った僕に、クリストファーさんは、こんな言葉で背中を押してくれました。

「世界は君を待っているよ」

あれから30年間、僕は自分の人生をシェアして、次の世代に「思い」を託し続けてきました。

**人生は孤独な「マラソン」ではありません。誰かの「思い」のバトンを受け取り、次の人に引き渡していく「リレー」です。**

本書を通して、吉田会長と僕の「思い」をシェアさせていただきました。ぜひ、あなたの人生に活かして、あなた自身の「思い」を次の人に引き渡してください。

**世界はあなたを待っています！**

### チャレンジ・ワーク

あなたは、本書を通して、どんな「思い」を受け取りましたか？　また、あなた自身の人生には、どんなメッセージがあると思いますか？　ぜひ、それを他の人にも伝えていきましょう。

# おわりに

望月俊孝

# 成功者は触れる袖だけの縁、涙を流して喜ぶ

その一週間は本当にワクワクがたまらなかった。

いよいよあの生きるレジェンド・吉田潤喜会長に実際に初めてお目にかかれる！　吉田会長のカセットテープを手にして、すりきれるほど聞き続けて、勇気をもらったときから約20年。都内の某超一流ホテルの吉田会長のお部屋に入るやいなや、満面の笑みを浮かべて迎え入れてくれると共に「望月さん、僕の本を書いてくれないか？」

一瞬、時が止まった感じがした。しかし、それは1秒くらいのものだったろうが、とても長く感じた。「喜んでさせていただきます。こんな光栄なことはありません！」と固い握手をさせていただきました。

それから約1年、僕の部屋の扉、机から見えるところには、「銭儲けやない。人儲けや！」という文字と共に吉田会長の笑顔が常に僕を見守ってくれている。そしてこの一年間、チャ

ンスが飛び込んで来たときも、問題に直面したときも、「吉田会長だったら、どう考えるのだろうか？」と常に心の中にいる吉田会長と対話を続ける一年となった。

その結果、念願の著者累計が１００万部を突破すると共に、ＴＢＳテレビの『王様のブランチ』に著書がベストセラー1位として紹介されたり、ＪＲ東日本全86路線に本が広告されたり、もう驚くべき奇跡が次々と起こってきました。そして難問も乗り越えることができてきて、人生の中でも最高の一年を過ごすことができました。

あなたには人生・ビジネスを導き、成長や精神面でも支えになってくれるお手本となる師（メンター）がいますか？　もしいなければ、心の中だけでも、僕にとっての吉田潤喜会長のような人を見つけて、常に対話をすることをお勧めします。

僕がこの一年だけでなく、吉田会長を一方的に知ることになってから、ずっと支えてくれた言葉をご紹介させていただきます。

吉田会長は、ご自身の運命を振り返って、こう言います。

「不幸というのは、後の幸せのために起こっている」

人生で大変なことは尽きません。でも、「大変」とは、「大きく「変」わるチャンスなのです。だからこそ、「なんで自分ばかりがこんな目に……」と思えたときこそ、心をオープンに開いてみてください。すると、不思議と有り難いご縁が集まり、いつのまにか人生が次のステージに進んでいくのを発見することでしょう。

最後に、吉田会長が座右の銘とされている言葉をご紹介しましょう。

言霊

凡人は縁ある出逢いであるのに、その縁を感じず、
馬鹿は縁ある出逢いであるのに、その縁を活かせず、
阿呆は縁ある出逢いであるのに、その人を受け入れず、

成功者は触れる袖だけの縁を、涙を流して喜ぶ

精一杯生き万寿（ます）

吉田潤喜

本書を通して、魂の交流をしたあなたは、そう遠くない未来に、吉田会長ともども直接、お目にかかれる機会がきっとあることでしょう。その日を楽しみに、しています！

最後になりますが、本書の出版までに本当に多くの方々のお世話になりました。本書の企画をご提案いただき、編集に至るまで最高のサポートを頂きました、きずな出版の櫻井秀勲先生、岡村季子社長、編集の労をお取りいただきました永井草二編集長には、心からの感謝を申し上げます。また吉田会長とのご縁を深く結んでいただき、今回、ご推薦までいただきました作家の本田健さん、本当に本当に感謝でいっぱいです。さらには企画案から文献の調査や原稿の完成まで共に進めてくれたヴォルテックス企画開発部の岡孝史さん、山野佐知子さん、ありがとう。

もう数えきれないくらい多くの人に、本書ができるまでお世話になりました。

上：吉田潤喜会長を囲むファンのための大講演会
下：吉田潤喜会長と望月俊孝

SPECIAL THANKS（敬称略）

水澤元博、元木和洋、香坂コーリー知永子、ゆん花代、山﨑拓巳、桑名正典、八納啓創、山田ヒロミ、今井了介、天野裕之、西村僚子、上野ハジメ、内田直、大山葎子、椿れいか、片山敏博、STELLA VENUS、望月俊亮、高島登美枝、シャンティ眞希、中野ちさと、なかにしゆり、向平かおる、福田由記子、森加奈

### 吉田会長公式ファンクラブ

吉田潤喜にぜひ触れてほしい、そして「最高に幸せな人生」を歩んでほしい。そんな思いを込めて、届けています。吉田潤喜会長の動画で、声を聴き、姿を見れば、あなたの魂に情熱が吹き込まれるでしょう。吉田潤喜の波乱万丈の半生を描いた漫画「GONTAKURE」を読めば、生きる勇気が湧いてくるでしょう。来日講演情報、商品情報なども「無料」で読めます。

### 望月俊孝LINE

望月俊孝が吉田潤喜会長や数々のメンターから学んだエッセンスを提供しています。「夢を見つけ、叶える宝地図」「世界で800万人が実践するレイキ」「絶対強運の法則」などの動画やメッセージ・講演を無料でお届けしています。

### 参考文献

『人生も商売も、出る杭うたれてなんぼやで。』吉田潤喜（幻冬舎アウトロー文庫）
『無一文から億万長者となりアメリカンドリームをかなえたヨシダソース創業者ビジネス7つの法則』吉田潤喜　（ディスカヴァー21）
『「人儲け」できない人生ほどつまらないものはない！
アメリカン・ドリームを体現した男が語る人生充実の極意』吉田潤喜（こう書房）
『ビッグマネー　ワタシはこうして成り上がった！』吉田準輝（廣済堂出版）
『年商一億ドル！全米で19社を率いる——米国版・成り上がり』
吉田潤喜・講演CD（日本合理化協会）
『アメリカンドリームをつかんだ男の“非常識な成功法則”』
吉田潤喜対談CD（ビジョネット）

## 吉田潤喜（よしだ・じゅんき）

吉田ソース創業者、ヨシダグループ会長兼CEO
1949年京都生まれ。アメリカ合衆国の実業家、空手家。オレゴン州知事経済顧問、全米空手道連盟理事などを務める。
在日韓国人2世。7人兄弟の末っ子として生まれる。父はカメラマン、母は雀荘や焼き肉屋を営んでいたが、生活は苦しかった。4歳時、事故で右目を失明。空手に打ち込み、八段までに昇格している。大学受験の失敗を機に、1969年1月24日、19歳で、500ドルを手に、アメリカ合衆国に不法移民し、レストランの皿洗いのほか、空手の腕を買われて大学講師や警察学校の師範を務めたが、経済的には厳しい生活が続いた。リンダ・マクファレンと結婚した後、空手道場を開く。この道場でバーベキュー料理を振る舞った際、自作したソースが人気を呼んだため、バーベキューソース「吉田グルメのたれ」として商品化した。コストコでカウボーイハットと着物、下駄といった格好で実演販売をして大ヒットとなる。1982年、オレゴン州にヨシダフーズを設立。米国の中小企業局(SBA)が選ぶ全米24社の中に、FedEx、Intel、AOL、HPなどと並んで「殿堂入り」を果たす。2005年にはNewsweek日本版で「世界で最も尊敬される日本人100」に選ばれる。2010年7月、日米の友好に貢献したことを理由に外務大臣賞を受賞。現在、吉田ソースは世界14カ国で販売されている。ヨシダグループは全18社、年商約250億円の企業グループに成長している。著書に『人生、金儲けやない、人儲けや！』（ヨシダフーズインターナショナルジャパン）などがある。

## 望月俊孝（もちづき・としたか）

1957年山梨県生まれ。ヴォルテックス代表。 夢実現を加速するツール『宝地図』、世界に広がる『レイキ』、セルフ・イメージを90分で書き換える『エネルギー・マスター』提唱者。 国際レイキ普及協会主宰。100万部超の著者、研修講師として76万人に直接指導している。

# でっかく、生きろ。
## 世界をつかんだ男の「挑戦」と「恩返し」

２０２５年３月12日　第１刷発行

著　者　吉田潤喜
　　　　望月俊孝
発行者　櫻井秀勲
発行所　きずな出版
〒162-0816
東京都新宿区白銀町1-13
電話　03-3260-0391
振替　00160-2-633551
https://www.kizuna-pub.jp

デザイン　川島事務所
印刷・製本　モリモト印刷


ISBN978-4-86663-268-1